高速公路建设现代工程管理

——湖北保宜高速公路建设探索与实践

何雄伟　胡国祥 / 编著

人民交通出版社股份有限公司
China Communications Press Co.,Ltd.

内 容 提 要

本书以湖北省交通运输厅重点科研项目“保宜高速公路建设现代工程管理研究与应用”为依托，建立了高速公路建设现代工程管理的定义与内容体系，系统阐述了高速公路建设发展理念人本化、项目管理专业化、工程施工标准化、管理手段信息化和日常管理精细化的思想内涵、提出背景、理论基础、重要意义、主要内容与实践途径，总结了湖北省保康至宜昌高速公路建设推行现代工程管理、落实“五化”管理要求的实践及效果。

本书适用于高速公路建设管理相关从业人员阅读，也可供大专院校相关专业师生参考使用。

图书在版编目(CIP)数据

高速公路建设现代工程管理：湖北保宜高速公路建设探索与实践 / 何雄伟，胡国祥编著．—北京 ：人民交通出版社股份有限公司，2014.10

ISBN 978-7-114-11755-8

Ⅰ.①高… Ⅱ.①何… ②胡… Ⅲ.①高速公路-道路建设-工程管理-湖北省 Ⅳ. ①F542.3

中国版本图书馆 CIP 数据核字(2014)第 230134 号

书　　名：高速公路建设现代工程管理
　　　　　——湖北保宜高速公路建设探索与实践
著 作 者：何雄伟　胡国祥
责任编辑：尤　伟　黎小东
出版发行：人民交通出版社股份有限公司
地　　址：(100011)北京市朝阳区安定门外外馆斜街 3 号
网　　址：http://www.ccpress.com.cn
销售电话：(010)59757969
总 经 销：人民交通出版社股份有限公司发行部
经　　销：各地新华书店
印　　刷：北京市密东印刷有限公司
开　　本：720×960　1/16
印　　张：9.25
字　　数：151 千
版　　次：2014 年 10 月　第 1 版
印　　次：2014 年 10 月　第 1 次印刷
书　　号：ISBN 978-7-114-11755-8
定　　价：32.00 元
(有印刷、装订质量问题的图书由本公司负责调换)

《高速公路建设现代工程管理——湖北保宜高速公路建设探索与实践》编写委员会

主　编：何雄伟　胡国祥

副主编：叶志华　孙柏林

编　委：胡绍东　汪　洋　徐　智　何创新

刘　渝　刘昌国　王　岌　陈友华

陈敦法　乔亚岚　刘盛智

序

1988 年 10 月 31 日，沪嘉高速公路建成通车，标志着我国大陆高速公路通车里程实现零的突破，此后 20 多年间，我国高速公路建设快速稳步推进，取得了举世瞩目的成就！根据新批准的《国家公路网规划》(2013—2030 年)，结合我国经济社会发展的阶段性特征，可知在今后较长一段时间内，我国高速公路仍将处于大建设、大发展阶段，建设任务依然繁重。近年来，随着高速公路建设项目增多、建设难度加大，对工程管理水平提出了更高要求和挑战。此外，随着形势发展变化，出现了一些新的问题和矛盾，主要表现为“一个隐忧三个跟不上”。“一个隐忧”，是指质量安全存在隐忧；“三个跟不上”，是指建设管理机制跟不上、项目法人管理能力跟不上、建设项目监管力量跟不上。

为了全面解决这些问题和矛盾，应加快高速公路发展方式的转变，用现代工程的管理理念、管理技术和管理方法，推动高速公路建设走上又好又快发展的新路子。2010 年 8 月 19 日，在厦门召开的全国公路建设座谈会上，交通运输部冯正霖副部长提出，当前和今后一段时间，公路建设管理工作要以“五化”为重要抓手，即发展理念人本化、项目管理专业化、工程施工标准化、管理手段信息化和日常管理精细化。冯正霖副部长希望各地交通运输主管部门进一步深化对现代工程管理内涵的理解、内容的解读，认真落实“五化”管理要求，把加快推进现代工程管理作为今后一个时期公路建设管理的重要抓手。

湖北保宜高速公路建设积极推行现代工程管理，认真落实“五化”管理要求，实现了优质、安全、环保、快速、和谐的建设目标，是推行现代工程管理的成功典范，也有力证明了推行现代工程管理的重大意义。

本书结合湖北省保康至宜昌高速公路建设工程，建立了高速公路建设现代工程管理的定义与内容体系，系统阐述了“五化”的思想内涵、提出背景、理论基础、重要意义、主要内容与实践途径，总结了湖北保宜高速公路建设推行现代工程管理、落实“五化”管理要求的实践及效果。该书的鲜明特点是系统性好、实践性强，对深化现代工程管理内涵的理解、内容的解读具有积极的促进作用。

实行现代工程管理是我国高速公路建设必然的发展趋势，我们应顺应时代发展潮流，进一步深化对现代工程管理内涵的理解、内容的解读，加快推行现代工程管理，认真落实“五化”管理要求，为推动高速公路建设又好又快发展做出我们应有的贡献！

湖北省交通运输厅厅长 尤习贵

2014年9月

前　言

近年来，我国高速公路建设项目增多、建设难度加大，对工程管理水平提出了更高要求和挑战。此外，随着形势的发展变化，高速公路建设管理领域又出现了一些新的问题和矛盾，主要表现为：质量安全存在隐忧、建设管理机制跟不上、项目法人管理能力跟不上、建设项目监管力量跟不上。为了全面解决这些问题和矛盾，应转变高速公路的发展方式，加快推行现代工程管理。在现阶段，就是要将“五化”管理要求落实好，即发展理念人本化、项目管理专业化、工程施工标准化、管理手段信息化和日常管理精细化。“五化”是推行现代工程管理的重要抓手，也是提高项目建设管理水平的重要途径。

为了深化对高速公路建设现代工程管理内涵的理解、内容的解读，本书结合湖北省保康至宜昌高速公路建设工程，在借鉴国内外研究与实践的基础上，根据“五化”思想，建立了高速公路建设现代工程管理的定义与内容体系，系统阐述了高速公路建设发展理念人本化、项目管理专业化、工程施工标准化、管理手段信息化和日常管理精细化的思想内涵、提出背景、理论基础、重要意义、主要内容与实践途径，总结了湖北省保康至宜昌高速公路建设推行现代工程管理、落实“五化”管理要求的实践及效果。

本书由湖北省交通运输厅高速公路管理局何雄伟、武汉工程大学胡国祥任主编，湖北省保康至宜昌高速公路建设指挥部叶志华、孙柏林任副主编。参加本书编写的主要人员有：何雄伟、胡国祥、叶志华、孙柏林、胡绍东、汪洋、徐智、何创新、刘渝、刘昌国、王岌、陈友华、陈敦法、乔亚岚、刘盛智。全书由武汉工程大学胡国祥教授负责审查统稿，武汉工程大学胡婷、高润、王峰参加了资料整理工作。在成书过程中得到了人民交通出版社的大力支持，同时参考了相关专家、学者的论著，在此一并表示衷心的感谢！

对于本书在体系、内容上的不妥之处，敬请读者尤其是高速公路建设管理专家批评指正。

编著者

2014年9月

目　　录

第1章　绪　　论

1.1　高速公路建设现代工程管理的发展与现状

1988年10月31日沪嘉高速公路建成通车,标志着我国大陆高速公路通车里程实现零的突破,此后20多年间,我国高速公路建设快速稳步推进,取得了举世瞩目的成就。2013年5月,国务院批准的《国家公路网规划(2013年—2030年)》指出:国家高速公路规划总计11.8万km,已建成7.1万km,在建约2.2万km,待建约2.5万km。国家高速公路网将全面连接地级行政中心、城镇人口超过20万的中等及以上城市、重要交通枢纽和重要边境口岸。根据新批准的《国家公路网规划》,结合我国经济社会发展的阶段性特征,可知在今后较长一段时间内,我国高速公路仍将处于大建设、大发展阶段,建设任务依然繁重。

近年来,随着高速公路建设项目增多,建设难度加大,对工程管理水平提出了更高要求和挑战。此外,随着形势发展变化,又出现了一些新的问题和矛盾,主要表现为"一个隐忧三个跟不上"。"一个隐忧",是指质量安全存在隐忧。高速公路建设的质量安全形势虽然总体稳定,但仍存在隐忧之处。"三个跟不上",一是建设管理机制跟不上,传统的建设管理机制束缚了"六个坚持六个树立"等公路建设新理念的有效实施;二是项目法人管理能力跟不上,高速公路建设投资主体的多元化带来了管理模式的多类型,一些地方下放高速公路建设管理权限,由项目所在地组建项目法人,有些项目法人特别是社会资本的投资人,由于只注重投资效益,出现管理经验缺乏、专业技术人员配备不足、管理制度不完善、质量安全责任意识不强等问题,特别是在安全上舍不得投入,导致建设项目风险加大;三是建设项目监管力量跟不上,近年来,高速公路开工项目多,建设规模大,工程建设集中,加上铁路、市政工程都在大规模建设,导致现有的施工、监理、质量监督等工程技术人力资源储备不足,难以将质量与安全始终置于可控状态。

要全面解决上述问题和矛盾,就要加快高速公路发展方式的转变,走资源节约型、环境友好型发展之路,实现安全发展、绿色发展、可持续发展。适应新时期转变高速公路发展方式的要求，必须在坚持过去多年行之有效的管理制度、管理方法、管理手段的基础上，用开阔的眼光，学习借鉴国际先进经验，在理念创新、体制创新、机制创新上下功夫。从国际经验看，伴随着信息技术的普遍应用和对生态环境保护的高度重视，现代工程建设管理呈现五个新特点：一是在管理理念上，从过去只关注工程实体建设，向更加关注以人为本、资源节约、文化传承、与自然环境和谐相处等社会领域延伸；二是在组织结构上，更加注重集成团队优势，强调专业化管理，突出项目法人、设计、施工、监理等有关各方的分工负责与目标统筹，关注管理能力和管理人员的专业素质；三是在管理行为上，更加注重程序管理、规范管理、标准化管理和精细化管理；四是在管理手段上，更加注重信息技术的推广应用；五是在管理目标上，更加追求质量、安全、效率、效益和生态环境的协调统一。

上述五个新特点表明，现代工程管理已不仅是传统的以成本、工期、质量为主要内容的“铁三角”式管理，而是将原有的以技术管理活动为主要内容转变为经济与社会的综合管理。从工程哲学的角度来看，工程活动从来不是“单纯技术活动”或“单纯经济活动”，应该从“自然—人—社会”的三元关系中认识和研究工程。随着现代工程活动的更加大型化、复杂化、集成化，工程活动呈现多学科、多领域、多地区的交叉渗透。随着工程规模的越来越大，工程与经济社会关系的越来越紧密，体现统筹、协调、配合、衔接、资源整合的现代工程管理作用越来越重要。我们应顺应时代发展潮流，敏锐地把握现代工程管理的发展趋势，用现代工程的管理理念、管理技术和管理方法，推动公路建设走上又好又快发展的新路子。

2010 年 8 月 19 日，在厦门召开的全国公路建设座谈会上，交通运输部冯正霖副部长提出，公路建设管理工作要以“五化”为重要抓手，即发展理念人本化、项目管理专业化、工程施工标准化、管理手段信息化和日常管理精细化。“五化”既是推行现代工程管理的重要抓手，也是提高项目建设管理水平的重要途径。冯正霖副部长希望各地交通运输主管部门进一步深化对现代工程管理内涵的理解、内容的解读，认真落实“五化”管理要求，落实有关部署意见，细化有关方案内容，认真谋划，狠抓落实，把加快推进现代工程管理作为今后一个时期公路建设管理的重要抓手。

近年来，部分省市开展了高速公路建设现代工程管理实践。例如：山东省交通运输厅从 2008 年初开始推行以“标准化、规范化、集约化、人本化”为内容的“四化”管理工作，取得了较好效果；福建省交通运输厅在全省高速公路项目上推行标准化管理工作，编写了《福建省高速公路施工标准化管理指南》系列丛书,推行了“三个集中”制度(每个合同段设置一座拌和站、一座钢筋加工场、一座预制厂),实行了工厂化生产,在质量控制和安全生产方面取得了显著成效;河北省交通运输厅大力推进信息化建设,将项目信息化管理与政务公开、打造阳光工程结合起来,实现了全程管理信息化,既提高了工作效率,又减少了人为干扰,取得了多重效果。此外,浙江、江苏、广东、河北、陕西、湖北、四川、甘肃、贵州、江西、安徽等省也开展了形式不同的标准化、规范化、信息化建设活动。2011年2月,交通运输部下发了《关于开展高速公路施工标准化活动的通知》(交公路发〔2011〕70号),要求新开工高速公路项目100%开展施工标准化活动,各项目驻地建设、施工工艺和现场管理100%达到标准化要求。

理论探索方面,何继善院士、王孟钧教授(2008)在分析工程哲学的形成、发展及主要研究内容的基础上,提出了工程哲学的内涵与本质,即物质性、变化性和时空性,并探讨了工程管理的理念、价值观、方法论、组织与创新等方面的哲学内涵;李春伟、陈伟乐等学者(2009)以广东西部沿海高速公路珠海段和重点工程崖门大桥建设为例,分析了全面精细化管理在高速公路建设管理的组织、沟通、计划、质量控制、成本控制、进度控制、技术创新等环节的应用及效果;刘人怀院士与孙凯学者(2010)探讨了工程管理信息化的内涵与外延,将工程管理信息化的内涵概括为建设管理、伙伴协作、公众服务、集成创新等四个方面;王卓甫教授、丁继勇学者与杨高升教授(2011)分析了工程管理从工程思维演进到伦理思维、哲学思维的过程,提出了工程思维模式下现代工程管理理论形成的动力模型,构建了现代工程管理的三个理论模块,包括工程投资决策管理理论、工程交易管理理论和工程项目管理理论;何继善院士(2013)通过研究我国工程管理的理论和实践,总结出工程管理的核心思想是“以人为本、天人合一、协同创新、构建和谐”,并对工程管理做了全面的定义;刘宝和尹向军学者(2013)对现代工程管理体系的含义进行了解读,通过“四个标准化”,即制度标准化、人员标准化、现场标准化和过程标准化,构建了公路现代工程管理体系框架,融合了“现代含义”,体现了“五化”理念。

总体而言,近年来国内对高速公路建设现代工程管理进行了较多地探索与实践,有一些实践总结,有部分理论研究成果,但对高速公路建设现代工程管理的内涵、外延、内容体系以及“五化”的思想内涵、理论基础等还缺乏系统研究。

针对于此,本书结合湖北省保康至宜昌高速公路建设工程,在国内外研究与实践的基础上,对高速公路建设现代工程管理以及“五化”进行了系统研究与阐述,主要内容包括:建立了高速公路建设现代工程管理的内涵与外延;以“五化”为基础,构建了高速公路建设现代工程管理的内容体系;对“五化”

的思想内涵、提出背景、理论基础、重要意义、主要内容、保障措施等进行了系统研究与阐述。此外,总结了保宜高速公路推行现代工程管理、落实“五化”管理要求的实践及效果。

1.2 高速公路建设现代工程管理的定义与内容体系

1.2.1 高速公路建设现代工程管理的内涵

广义工程管理的研究对象是广义的工程,美国工程管理协会(ASEM)对工程管理的定义是:对具有技术成分的活动进行计划、组织、资源分配以及指导和控制的科学与艺术。美国电气电子工程师协会(IEEE)工程管理学会对工程管理的定义是:关于各种技术及其相互关系的战略和战术决策的制定及实施的学科。中国工程院咨询项目“我国工程管理科学发展现状研究”对工程管理的界定为:为实现预期目标,有效地利用资源,对工程所进行的决策、计划、组织、指挥、协调与控制。

何继善院士给出了工程管理的全面定义,包括:①从哲学的层面,工程管理的定义为:工程管理是关于工程活动中人的地位与作用,人与人、人与社会、人与自然的关系和互动的科学;②就工程管理的职能而言,工程管理是指对工程的决策、计划、组织、指挥、协调与控制;③就工程的过程而言,工程管理是指工程的前期论证与决策、设计、实施、运行的管理;④就工程管理的要素而言,工程管理是为实现质量、费用、工期、职业健康安全、环境保护目标而对资源、合同、风险、技术、信息、文化等进行的综合集成管理。

20世纪80年代以来,现代建设工程显示出越来越多现代化的特点,包括:大型、特大型、复杂、高科技项目越来越多,现代工程项目综合研究开发、建设、运行全过程,建设项目综合风险大,业主角色和要求发生重大变化等。传统工程管理理论与实践经验已难以适应现代工程建设的要求。

现代工程管理理论分为三个模块,即工程投资决策管理理论(围绕工程决策的系列理论)、工程交易管理理论(工程业主方为主导的管理问题,围绕工程交易管理的系列理论)和工程项目管理理论(工程承包方为主导的管理问题,围绕项目实施管理的相关理论)。其中,工程项目管理理论又可分为两类:

(1)工程项目目标管理理论。工程时间/进度管理、工程成本管理、工程质量管理、工程职业健康安全与环境(HSE)管理。

(2)工程项目专项管理理论。工程整体/集成管理、工程投标和现代化项目管理、承包合同管理、工程项目人力资源管理、工程项目沟通与信息管理、工程项目风险管理、工程采购管理、工程精益建造管理。

综合国内外关于工程管理的界定,结合"五化"思想,本书认为高速公路建设现代工程管理是指以高速公路建设综合目标为基础,运用现代工程管理的理念、技术和方法,对高速公路建设进行的决策、计划、组织、指挥、协调与控制。在现阶段,就是要坚持人本化的发展理念,进行专业化的项目管理,利用信息化的管理手段,实行标准化施工,实施精细化管理。

1.2.2 高速公路建设现代工程管理的外延

何继善院士认为,从哲学的角度看,工程管理应关注以下主题:保持工程的理性增长、寻求环境与发展的平衡、体现"以人为本"的需要、节约和保护自然资源、提高工程管理水平、推动科技进步和创新,这些也是高速公路建设现代工程管理密切关注的主题,与"五化"管理要求相吻合。

此外,应注意高速公路建设工程管理与项目管理、企业管理、运营管理三者的联系与区别:

(1)高速公路建设工程管理与项目管理。从工程管理外延理解,工程管理与项目管理是不同的,但在特定环境中其差异会变得相当模糊。当工程管理的对象是一个特定项目,工程管理的企业主体或组织机构为这个特定项目而创设,那么工程管理就与一般项目管理有相同的内涵与外延。此时,工程管理对象也就是若干一次性项目构成的项目体系,工程管理原则也就是项目管理原则,工程管理的具体工作就是对相对独立又相互联系的项目所进行的管理工作。

(2)高速公路建设工程管理与企业管理。如果从工程管理主体来分析,工程管理的内涵就与企业管理的内涵交叉融合,因为工程管理的企业主体或组织机构会在不同时期、不同地域从事不同形式的工程管理,或者在同一时期、同一地域进行各种相互联系的不同性质的工程管理工作。在这种情况下,特定形式的工程管理是企业管理职能在特定产业领域的特殊表现。

(3)高速公路建设工程管理与运营管理。高速公路运营管理是指高速公路建成通车后,对高速公路的收费、养护、交通、安全、服务等系统进行计划、组织、指挥、控制和协调,为高速公路使用者提供快速高效和安全畅通的道路及高质量服务,同时又使高速公路企业获得最大经济效益。高速公路运营管理的主要活动内容有路政管理、养护管理、交通安全管理、收费管理、监控通信管理和服务区管理等六个方面。而高速公路建设工程管理是以高速公路建设项目为对象,关注于建设活动本身,对建设过程进行决策、计划、组织、协调和控制的行为。

1.2.3 高速公路建设现代工程管理的内容体系

人本化、专业化、标准化、信息化、精细化,既是五项工作要求,也是一个工作体系;既是推行现代工程管理的重要抓手,也是提高项目建设管理水平的重要途径。“五化”高度概括了公路建设现代工程管理的精髓,是将现代工程管理的理论、方法和手段应用于公路建设领域的重大创新,是我国公路建设管理方式的新发展。

“五化”是高速公路建设现代工程管理内容体系的理论支撑和重要内核。本书以之为基础,结合湖北保宜高速公路建设管理实际,构建了高速公路建设现代工程管理的内容体系,如图 1-1 所示。

1.2.4 本书主要内容

本书首先介绍了高速公路建设现代工程管理的发展与现状,再结合“五化”思想,建立了高速公路建设现代工程管理的内涵与外延,并以“五化”为基础,构建了高速公路建设现代工程管理的内容体系。随后,在各章分别阐述“五化”的理论基础与重要内容。在此基础上,分别总结了保宜高速公路践行“五化”的实践以及效果。全书共分六章,各章的主要内容如下。

第 1 章:总结了高速公路建设现代工程管理的发展与现状,建立了高速公路建设现代工程管理的内涵与外延。以“五化”为基础,构建了高速公路建设现代工程管理的内容体系,介绍了保宜高速公路建设推行现代工程管理的简况。

第 2 章:建立了高速公路建设发展理念人本化的概念,分析了其提出背景、理论基础与重要意义。探讨了发展理念人本化在高速公路建设中的几项重要内容及保障措施,包括驻地建设、征地拆迁、产业大军的培训与管理、环保施工等,阐述了保宜高速公路建设践行人本化管理的实践及效果。

第 3 章:建立了高速公路建设项目管理专业化的定义,分析了其提出背景、理论基础与重要意义。阐述了高速公路建设项目管理专业化的三项重要内容,包括项目管理机构、项目管理制度、项目管理团队。总结了保宜高速公路建设在项目管理专业化方面的实践。

第 4 章:建立了高速公路建设工程施工标准化的定义,分析了其提出背景、理论基础与重要意义。构建了工地建设标准化、安全生产管理标准化、工艺工法标准化、工程管理标准化的内容体系。阐述了工程施工标准化的考核办法与保障措施。总结了保宜高速公路开展施工标准化活动的做法以及效果。

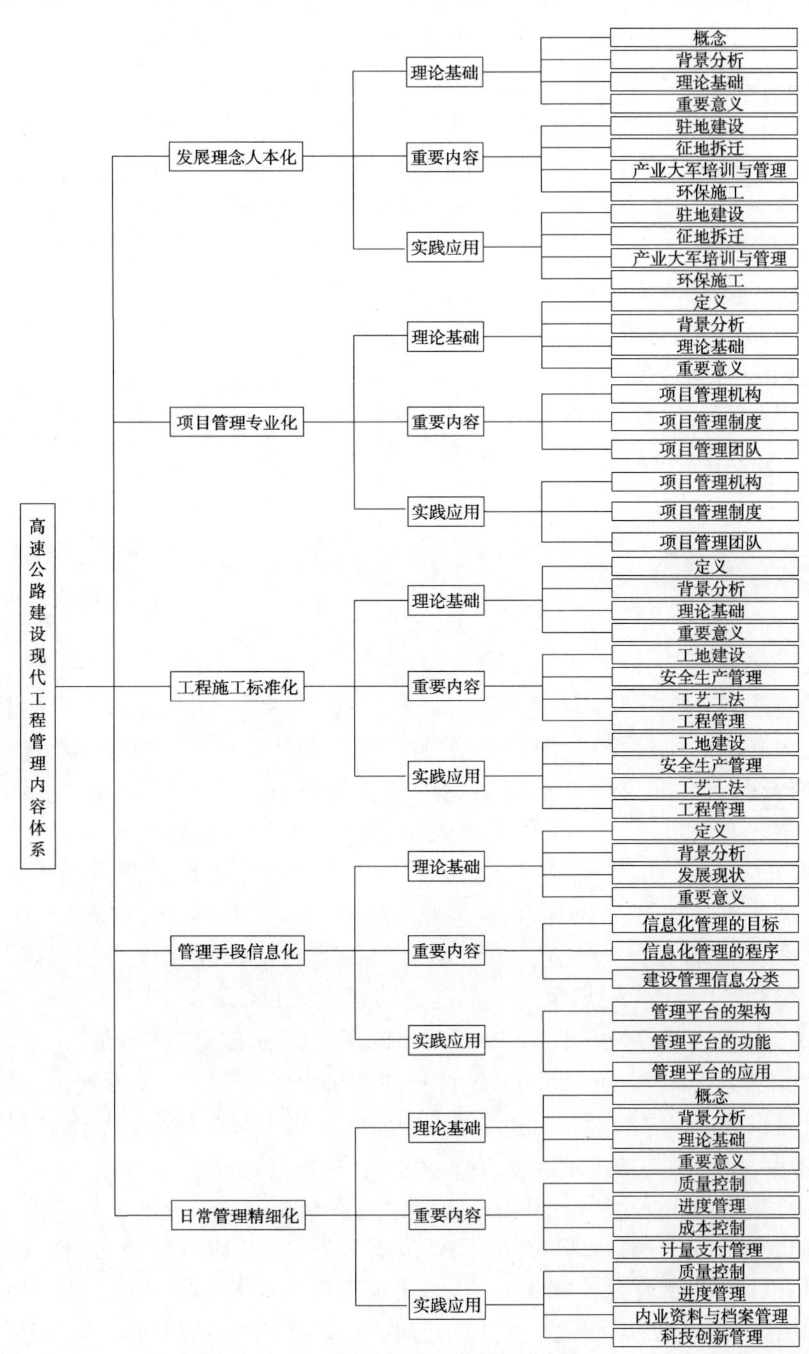

图 1-1　高速公路建设现代工程管理的内容体系

第5章:建立了高速公路建设管理手段信息化的定义,分析了其提出背景、发展现状与重要意义。提出了高速公路建设信息化管理的目标与程序,根据行业管理的特点,对高速公路建设管理信息进行分类。阐述了保宜高速公路建设信息化管理系统的总体架构、功能、构建以及应用效果。

第6章:建立了高速公路建设日常管理精细化的概念,分析了其提出背景、理论基础与重要意义。从质量控制、进度管理、成本控制、计量支付管理等四个方面探讨了高速公路建设精细化管理的实施办法。总结了保宜高速公路建设在质量控制、进度管理、内业资料与档案管理、科技创新管理等方面实施精细化管理的做法以及效果。

1.3 保宜高速公路建设现代工程管理简况

1.3.1 工程概况

保宜高速公路是湖北省"十二五"规划"七纵五横三环"高速公路骨架网中"纵六线"的重要组成部分,项目北接麻(城)竹(溪)高速公路,南连荆(门)宜(昌)高速公路,是鄂西地区联系陕、豫、渝、湘的重要通道,也是鄂西北地区与鄂西南地区联络的快捷路径,对于加强湖北省与周边省份的交通衔接,优化区域路网结构,改善湖北省西部地区的交通条件等具有十分重要的意义。同时,该项目是湖北省促进西部地区开发,统筹区域协调发展,加快建设"鄂西生态文化旅游圈"的重要基础之一。项目建成后,可极大改善鄂西地区落后的交通状况,为促进湖北省各地区优势互补,带动"一江两山"(长江三峡、神农架、武当山)核心景区发展,发展地方特色经济,培育新的经济增长点提供基础保障。湖北省高速公路"十二五"规划及保宜高速公路建设项目位置如图1-2所示。

保宜高速公路路线全长143km,双向四车道,设计速度为80km/h,路基宽度为24.5m,分离式路基宽12.25m,设计荷载为公路—Ⅰ级,建设工期为42个月,批准概算投资总额为125.2亿元。项目分宜昌、襄阳两段建设,其中宜昌段路线全长68.443km,襄阳段路线全长74.646km。

保宜高速公路大部分在山区建设,全线以桥梁、隧道为主。其中襄阳段桥隧比例在68%以上,有朱家场、黄家场、龙潭冲特大桥,以及红岩寺、尚家湾等特长隧道。红岩寺隧道全长6739m,其修建难度之大、地质条件之复杂、投资之巨大,在高速公路建设史上较为少见。同时,建设工期短,项目标段多(17个),参与单位众多。因此,保宜高速公路建设管理难度较大。

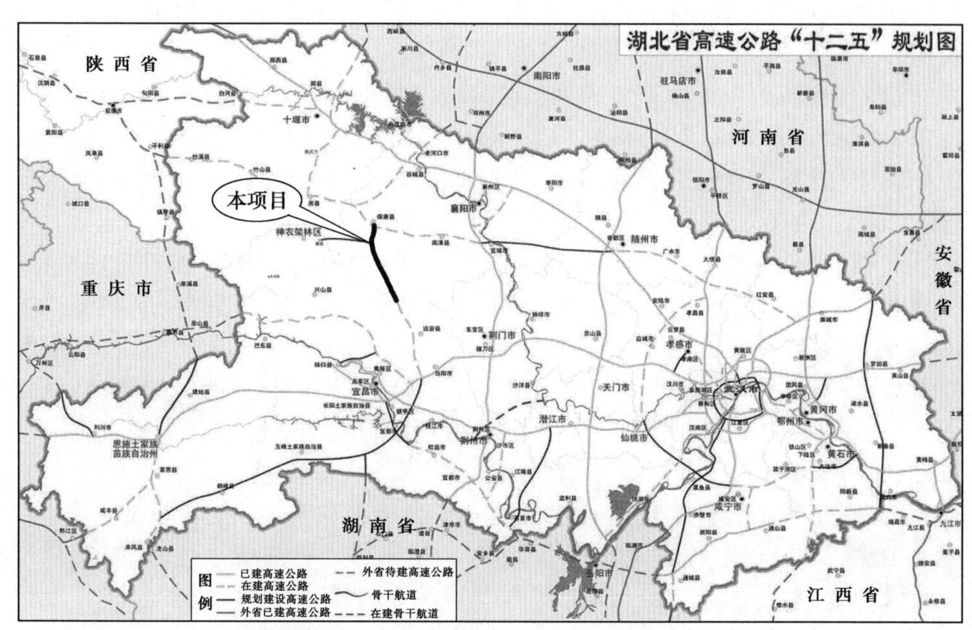

图1-2　湖北省高速公路“十二五”规划及保宜高速公路建设项目位置图

1.3.2　建设理念与建设目标

保宜高速公路建设理念：创新、严谨、卓越、廉政。

保宜高速公路建设目标：

(1)总体目标：建成一条优质环保、安全舒适、路景相融的山区高速公路。

(2)管理目标：探索一套科学规范、严谨精细的标准化管理体系；锻炼一支团结协作、甘于奉献的建设管理队伍；培养一批勇于创新、一专多能的优秀管理人才。

(3)质量目标：全面实施精品战略，打造国优工程。

(4)安全目标：实施安全目标管理，确保无重特大安全责任事故。

(5)环保目标：全面实施环境保护标准，打造锦绣保宜。

(6)廉政目标：全面实施党风廉政责任制，打造廉政阳光工程，确保无违法违纪案件发生。

1.3.3　保宜高速公路建设现代工程管理简况

保宜高速公路自2011年开工建设以来，积极推行现代工程管理，认真落实

"五化"管理要求,全面提高建设管理水平,进行了积极地探索和实践,主要包括:

(1)在发展理念人本化方面,保宜高速公路建设指挥部(以下简称"保宜指挥部")坚持以人为本,按照做好"三个服务"的要求,将"满足人的发展、调动人的积极性、突出人的创造性"作为建设管理的核心理念,并在驻地建设、征地拆迁、产业大军的培训与管理、环保施工等方面具体落实。

(2)在项目管理专业化方面,保宜指挥部建立了科学高效的项目管理机构,组建了专业化的项目管理团队,建立健全了完善的项目管理制度,制定了八大类共50多项制度,实现了建设管理制度全覆盖。面对国家紧缩银根、地根的严峻形势,保宜指挥部认真履职、激活资源、破解难题。一方面抓资金筹措,一方面抓科学调度,加强内外协调,破解建设资金、建设用地、施工用电、税费过高等难题,保障了建设有序推进。

(3)在工程施工标准化方面,保宜指挥部认真贯彻落实交通运输部、湖北省交通运输厅关于标准化建设的总体要求,坚定不移地推进标准化建设,并从工地建设、安全生产管理、工艺工法、工程管理等方面具体落实。通过构建标准化管理体系,促进项目管理更加规范、施工组织更加精细、资源组合更加合理、工程调度更加科学、质量安全更有保障。

(4)在管理手段信息化方面,保宜指挥部高度重视信息化管理,开发了集"自动办公、计量合同、质量管理、现场监控、隧道安保、征迁管理、资金管理、档案管理"为一体的建设管理信息化平台,创建了以指挥部为指挥中心、建设全线全覆盖、"一掌控全局"的现代工程管理模式,成为湖北省首家实现高速公路信息管理平台集成的单位。

(5)在日常管理精细化方面,保宜指挥部彻底扭转粗放式的管理方式,在日常管理的每个环节,从设计核查、方案优化、技术交底到现场施工的每道工序、工艺管控,从成本控制、进度管理、计量支付管理、科技创新管理到内业资料与档案管理,保宜指挥部力求科学规范、精益求精,达到精细化管理的目标。

保宜高速公路积极推行现代工程管理,认真落实"五化"管理要求,取得了显著成效,主要包括:

(1)实现了和谐征迁。保宜高速公路征地拆迁时间紧、任务重、难度大,但由于理念先进、方法科学、措施得力、工作细致、公开透明、阳光操作,快速有序地完成了征迁工作,兑付亿元征迁资金无差错,涉及沿线9000多名群众,无一例上访事件,实现了和谐征迁,为工程建设奠定了良好基础。

(2)实体工程内实外美、质量优良。保宜指挥部将"打造精品工程、铸造品牌”作为项目建设的总体要求，突出加强工程施工标准化、首件工程认可制、质量通病治理、内业资料管理等，有效促进了工程质量全面提升。各种建筑材料检测合格率均在99%以上，各分部分项工程检验全部合格，实现了实体工程内实外美、质量优良。在湖北省交通投资有限公司和湖北省交通运输厅工程质量监督局的多次检查考核中，保宜指挥部名列前茅。

(3)安全生产管控良好，实现了“平安保宜”。保宜指挥部建立健全“横向到边，纵向到底”的安全生产责任保证体系，广泛开展安全生产演练和安全知识培训，增强全员安全意识，加强对重大危险源的防范和整治，未发生重大安全责任事故，2013年被交通运输部表彰为第三批部级“平安工地”示范创建项目。

(4)进度控制良好，工程建设“又好又快”。保宜指挥部倡导在确保质量、安全的前提下加快施工进度，通过优化施工组织设计，合理配置资源，妥善化解影响进度的不利因素，以劳动竞赛促进施工进度等，确保工程早日竣工。保宜高速公路宜昌段于2014年9月28日提前建成通车，实现了工程建设“又好又快”。

(5)建设资金控制良好。在批准概算投资总额偏紧，原材料、人工价格快速上涨等严峻形势下，保宜指挥部通过科学管理、优化方案、精心控制、精打细算，使实际建设资金控制在批准概算范围内，并有一定结余。

(6)环保施工落实良好，实现了“锦绣保宜”。保宜指挥部实行严格的环境保护制度，将工程建设对环境的影响与破坏降到最低，有效保护了生态环境和自然环境。在保宜高速公路建设现场，看不到现代文明与人文古韵的交锋冲突，青山依旧翠，碧水静静流，施工前青山绿水，施工后绿水青山，环保舒适、路景相融。

保宜高速公路现代化、标准化、信息化建设走在湖北全省乃至全国交通系统前列，保宜品牌在交通项目群中脱颖而出。保宜指挥部被湖北省委、省政府表彰为2011—2012年度省级文明单位。2012年6月，保宜指挥部代表湖北省在全国高速公路施工标准化活动现场会上作交流发言，保宜指挥部的经验与做法受到充分肯定。同时保宜指挥部标准化建设、和谐征迁的经验和做法被《湖北交通报》、《中国交通报》予以重点报道推广。

保宜高速公路的探索与实践证明，积极推行现代工程管理，认真落实“五化”管理要求，确实可以实现优质、安全、经济、环保、快速、和谐的建设目标，推动高速公路建设“又好又快”发展。因此，加快推行现代工程管理，全面提高建设管理水平，是我国高速公路建设管理必然的发展趋势。

第 2 章　发展理念人本化的研究与应用

2.1　发展理念人本化概述

2.1.1　发展理念人本化的概念与背景分析

1) 发展理念人本化的概念

人本化理念是指在组织运行的全部活动之中,以调动人的积极性、潜能性和创造性为根本,把人作为管理的出发点和归宿点,人本化理念的精神实质是以人为本。高速公路建设发展理念人本化是指在高速公路建设实践中,坚持以人为本,一切"依靠人",一切"为了人",将满足人的发展、调动人的积极性、突出人的创造性作为建设管理的核心理念。

2) 高速公路建设发展理念人本化的背景分析

建设工程是人类为了生存和发展而改变自然,使自然更好地服务于人类的集成性造物活动。工程建设是为了什么?当然是为了人——为了人在更好的环境里生活。然而这个简单的道理曾一度变得模糊。例如,部分高速公路建设片面注重投资、质量与进度,对施工过程中挖方填土、借土弃方、改移河道、清理表土、开采料场等造成的生态破坏重视不够,影响了工程沿线及周边的生态环境。在过去相当长的时期内,工程建设以征服自然为目的,以科学技术为手段,以物质财富增长为动力,在一定程度上破坏了人类赖以生存的环境基础,使人类改造自然的力量转化为毁害人类自身的力量。人类在试图征服自然的同时,往往不知不觉地变成了被自然征服的对象。例如,资源浪费、水土流失、大气污染、环境恶化等。这一系列问题警示我们:人类的行为如果违背自然规律,必将遭到自然的惩罚。恩格斯早就告诫我们:"我们不要过分陶醉于我们对自然界的胜利。对于每一次这样的胜利,自然界都报复了我们。"现实告诉我们:工程建设必须树立以人为本的发展理念,顺应和服从生态循环规律,做到工程建设与环境保护"双赢",人与自然和谐发展。只有人与自然的关系和谐了,生态系统保持在良性循环水平上,人类发展、工程建设才能获得永续的发展空间。

另一方面,工程建设依靠什么?当然依靠的也是人,包括所有参建的管理人员、技术人员、产业大军等。然而长期以来,我们对参建者的生活条件、安全生产、教育培训、收入保障、身心健康、文化娱乐、全面发展等重视程度不够,特别是产业工人,他们工作在建设第一线,是工程建设的主力军,可以说他们的劳动直接决定着工程的质量、安全与效益。然而部分建设项目对产业大军的关心、关爱缺失,突出表现在以下六个方面:一是基本生活条件差,住宿条件简陋,膳食不良;二是教育培训不够,"放下锄头、走上桥头"的现象在部分公路建设工地依然存在,缺乏必要的技能培训与安全教育;三是工作环境恶劣,缺乏应对严寒、酷暑、暴晒、噪声、粉尘等的防护措施,加上高强度的劳动摧残身体,甚至引发职业病;四是安全防范不够,安全教育管理与防范措施不力,人身安全无保障,伤亡事故时有发生;五是收入无保障,工资被克扣、被拖欠是常事;六是理解、尊重、关爱不够,鲜有人关心他们的思想动态、健康状况、家庭生活、个人发展等,他们缺乏成就感、体面感、尊严感。试想产业大军"享受"这样的待遇,又如何让他们高热情、全身心地投入到工程建设中,工程建设的质量以及他们自身的安全又如何能保证?因此,工程建设必须切实以人为本,充分发挥全体建设者的主体作用。充分理解、尊重、关爱他们,切实改善他们的生产生活条件,完善培训管理机制,保证人身安全,维护合法权益,充分发挥参建者积极性、潜能性与创造性,进而全面提升工程建设的品质。

2.1.2　发展理念人本化的理论基础与重要意义

1) 发展理念人本化的理论基础

(1) 以人为本是科学发展观的核心

以人为本的科学内涵需要从两个方面来把握。首先是"人"的概念。"人"在哲学上常常和两个东西相对,一个是神,一个是物,人是相对于神和物而言的。因此,提出以人为本,要么是相对于以神为本,要么是相对于以物为本。大致说来,西方早期的人本思想,主要是相对于神本思想,主张用人性反对神性,用人权反对神权,强调把人的价值放到首位。中国历史上的人本思想,主要是强调人贵于物,"天地万物,唯人为贵。"《论语》记载,马棚失火,孔子问伤人了吗?不问马,说明在孔子看来人比马重要。在现代社会,无论是西方国家还是中国,人本思想都主要是相对于物本思想而提出来的。其次是"本"的概念。

"本"在哲学上可以有两种理解,一种是世界的"本原",一种是事物的"根本"。以人为本的本是"根本"的本,与"末"相对。以人为本,就是说与神、与物相比,人更重要、更根本,不能本末倒置,不能舍本求末。

在党的十七大上,胡锦涛同志提出,科学发展观第一要义是发展,核心是以人为本,基本要求是全面协调可持续性,根本方法是统筹兼顾。科学发展观并不否认经济发展、GDP 增长,它所强调的是,经济发展、GDP 增长归根到底都是为了满足广大人民群众的物质文化需要,保证人的全面发展。人是发展的根本目的。提出以人为本的科学发展观,目的是以人的发展统领经济、社会发展,使发展的结果与发展的目标相统一。

需要特别强调的是,以人为本,是以广大的人民群众为本,这里的"人"不是抽象的人,也不是某个人、某些人。

在工程建设管理中倡导以人为本,不仅主张人是工程建设的根本目的,回答了为什么要进行工程建设、工程建设"为了谁"的问题,而且主张人是工程建设的根本动力,回答了怎样进行工程建设、工程建设"依靠谁"的问题。"为了谁"和"依靠谁"是分不开的。人是工程建设的根本目的,也是工程建设的根本动力,一切为了人,一切依靠人,二者的统一构成以人为本的完整内容。

科学发展观把以人为本作为发展的最高价值取向,就是要尊重人、理解人、关心人,就是要把不断满足人的全面需求、促进人的全面发展作为发展的根本出发点。人类生活的世界是由自然、人、社会三个部分构成的,以人为本的发展观,从根本上说就是要寻求人与自然、人与社会、人与人之间关系的总体性和谐发展。

(2)以人为本是工程管理哲学关注的核心

从 20 世纪 50 年代以来,人们在对众多重大工程建设和应用的总结、反思中,开始意识到在"征服自然"的过程中,仅当人们的主观想法切合客观世界时,工程才能成功,否则就失败。这促进了人们开始从"征服自然"思维到"人与自然和谐相处"思维的理性变迁,并追求工程建设的协调性、可持续性。这促进了哲学思维模式的形成,并进而逐步形成了工程哲学与工程管理哲学。

工程管理属于工程与管理两者的交叉领域,哲学视野中的工程管理主要研究工程管理的认识论、世界观和方法论等深层次内容,包括工程管理的辩证观、系统观、价值观、和谐观、创新观和发展观等。哲学是世界观,是其他科学的主导原则和方法论,哲学原理在工程管理中的体现、统领、指导与应用,构成了工程管理的哲学内涵。

工程管理蕴含着深刻的哲学内涵,并在实质上指导和影响着工程的实践和发展。对待工程建设要有彻底的唯物主义态度,从调研、论证、决策、立项、设计、施工到运行,从工程决策到质量评价,都必须客观、科学、实事求是。工程管理活动中充满了辩证法,如质量、进度与投资的关系、竞争与协作的关系等,许多事物之间的关系都需要对立统一、量变与质变、否定之否定的辩证思考,需要运用哲学的智慧去把握和处理。加强工程管理的哲学思考与研究,有利于从哲学的高度总体把握工程管理的本质和特征,更好地促进工程管理事业的发展。

按照科学发展观与和谐社会建设的要求,以人为本是工程管理哲学关注的核心。在以人为本工程管理思想的指导下,需要对工程建设进行理性的分析和探讨,全面、系统地把握"人"这一社会生产中最活跃的因素,使人与人、人与社会、人与自然充分和谐,并不断培养和提高工程管理人员的整体素质。应将工程建设的根本目的与人民的切身利益紧密联系起来,以改善和提高人民群众的生活水平为依据,不断满足人民群众日益增长的工程需求,进而促进全社会成员共同分享工程建设成果。

2) 高速公路建设发展理念人本化的重要意义

(1) 明确了"为了谁",回归了高速公路建设的"工程"本质

高速公路建设发展理念人本化明确了"为了谁",回归了高速公路建设的"工程"本质。工程的本质是人类为了更好地生存和发展,坚持以人为本的发展理念,使高速公路建设更加理性、科学、人性,优质安全,生态环保,更加符合人类的需求,更好地为人类服务。避免了那些不顾经济承受能力与实际需要,盲目扩大工程建设规模的现象,也避免了投少数人喜好实则华而不实的"面子"工程、"政绩"工程等。

(2) 明确了"依靠谁",确立了高速公路建设者的主体地位

高速公路建设发展理念人本化明确了"依靠谁",确立了高速公路建设者的主体地位。弄清"依靠谁",充分尊重各级建设者,牢固树立群众观念,充分依靠全体参建人员,确立他们的主体地位,充分调动全体参建人员的积极性,发挥他们的潜能性与创造性,有利于全面提升高速公路的建设品质。

(3) 明确了人本管理目标,促进工程管理水平的提升

工程管理哲学最基本的任务是提高工程的管理水平与效率。一方面,工程管理是多目标管理,需要兼顾质量、工期、成本,辩证地处理质量互变和矛盾发展的不平衡性,以生态环境干扰最小、资源消耗和能源消耗最低为前提,合理优化,确保工程建设高质量、短工期、低成本。另一方面,工程管理是创新管理,管理水平的提升需要工程管理理念、组织、制度等多方面的创新,运用完善的组织

体系、先进的管理手段、精细的管理方式,实现真正意义上的人本化工程管理。

2.2 发展理念人本化在高速公路建设中的重要内容

高速公路建设管理应坚持以人为本,服务国民经济和社会发展全局,服务社会主义新农村建设,服务人民群众安全便捷出行,将满足人的发展、调动人的积极性、突出人的创造性作为核心理念。具体可从以下几方面着手:一是驻地建设,应营造整洁、文明、和谐的驻地建设环境,为参建者提供良好的生产与生活条件;二是征地拆迁,应依法依规,阳光操作,充分保护被征迁者的合法权益,实现和谐征迁;三是产业大军的培训与管理,应高度重视产业大军的技能培训与教育管理工作,关心、关爱、尊重全体参建人员,保证其人身安全,维护其合法权益;四是环保施工,应遵循"人本化"的发展理念,追求人与自然的和谐统一,将工程建设对环境的影响与破坏降到最低。

本节探讨了发展理念人本化在高速公路建设中的几项重要内容及保障措施,包括驻地建设、征地拆迁、产业大军的培训与管理、环保施工等。

2.2.1 驻地建设

1) 驻地建设人本化的基本要求

驻地建设一般包括建设单位驻地、监理单位驻地、施工单位驻地以及工地试验室的建设,以下主要阐述施工单位驻地建设。按照人本化的理念来建设项目驻地,总体上要求驻地环境由散乱不整向集约文明转变,办公与生活条件明显改善,环境面貌焕然一新,具体就是要按标准化的要求建设项目驻地,营造整洁、文明、和谐的办公与生活环境。

(1)办公用房要求

①办公用房面积和办公家具应尽可能满足办公规范化的要求,其他附属工程项目经理部用房建筑面积和场地占地面积也应满足办公和生活的基本需要。

②办公区内应设项目经理室、各业务科室、档案室、中心试验室和会议室等,各科室门口应挂设名称牌。在项目经理部及其他醒目位置设立施工平面示意图和施工告示牌。施工平面示意图和告示牌的平面尺寸相同,每标段至少设置两块。

③办公区会议室内应悬挂企业精神、质量方针、施工形象进度图、施工平面图及质量保证体系图。各部门办公室内应悬挂本部门规章制度和岗位职责。

试验室、材料库房、拌和站、加工场等施工场所,以及职工食堂、医务室等后勤部门应悬挂各类设备操作规程、规章制度和岗位职责。

④可将各类管理图表装裱上墙,包括施工平面图、项目经理部组织机构框图、质量自检体系框图、安全管理体系框图、工程进度柱状图、工程管理曲线图、劳动竞赛活动图表、各项规章制度、工程总体目标、各部门职责、工作计划、晴雨表及管理人员考勤表等。

(2)生活用房要求

生活用房一般应设置宿舍、食堂、浴室、厕所和文体活动室。施工工区应为工人提供安全、舒适的生活设施,生活区内应配备必要的消防安全器具,建立安全和卫生管理制度,落实专人维护和保洁。

①宿舍通常采用装配式彩钢活动房屋,宿舍内住宿人员名单上墙。宿舍必须设置可开启式窗户,保证室内空气流通;宿舍内应使用钢制床架,单人单床,床铺不得超过两层,严禁使用地铺、通铺;宿舍内应设置生活用品专柜,个人物品要求整齐摆放;应设专门的晾衣处,衣物不得随意晾晒;地面应使用水泥砂浆找平硬化,有条件的生活区可铺砌瓷砖。

②食堂应设置在距离厕所、垃圾站、有毒有害场所等污染源20m以外的地方;食堂内应设置独立的制作间、储藏间,禁止住宿和放置施工料具;食堂应配备上下水、消毒、冷藏和排风等设施,同时还必须配备纱门、纱窗和纱罩。

③厕所应建造为通风良好的可冲洗式厕所,厕所应将门窗和照明设施安装齐全,厕所地面、墙裙、蹲坑、小便槽应贴瓷砖,蹲坑之间必须设置隔板。

④标准淋浴房、盥洗处应安装淋浴喷头及节水龙头,地面应作防滑处理;应定时保证充足的冷、热水供给,保持良好的排水通风效果,室内使用防水灯具和开关;淋浴间与更衣间需分开设置,更衣间内应配备长凳、储衣柜或挂衣架;必须分设男女淋浴房。

⑤学习娱乐活动室需配备电视机、DVD机、饮水机、书刊杂志等学习资料以及文体活动等娱乐设施。

2)驻地建设人本化的保障措施

(1)成立驻地建设管理的专门组织机构

如前所述,驻地建设人本化就是要按标准化的要求建设项目驻地,将标准化管理工作落到实处。业主单位应联合施工企业和监理单位共同成立专门机构,由业主代表担任管理标准化总负责人,确立标准化管理总体目标,制订详细的标准化管理执行计划,落实标准化管理责任。施工企业项目经理是标准化管理的执行负责人，驻地监理代表是标准化管理的监督者，通过明确分工来扎实有效地开展驻地建设标准化工作。

业主单位应落实驻地建设管理标准化的相关经费，新建高速公路施工招标文件中，应在工程量清单中列入“施工现场管理标准化建设”工程细目。招标文件应要求投标单位投标时制订施工现场管理标准化建设和管理的初步方案。在工程开工前，应督促施工单位按合同约定制订施工现场管理标准化实施方案，并督促其落实。同时，根据合同要求及时支付施工现场管理标准化建设的相关费用。

(2)建立驻地建设管理的激励约束机制

贯彻落实表彰奖励制度，对驻地建设管理执行效果较好的施工企业给予奖励，特别好的可给予合同额1%~2%的奖金进行激励，以点带线、以线带面，逐步达到全面提升公路建设水平的目标；对贯彻执行不到位的施工企业应通报批评，做到奖惩分明。出台施工现场管理标准化建设的考核评比和奖惩办法，纳入诚信考核体系，施工现场管理标准化建设优秀的施工单位在招投标时将会进行适当加分，从而为施工现场管理标准化建设提供强有力的制度保障。

(3)完善驻地建设管理的培训制度

业主单位应编制驻地建设管理标准化的培训教材，教材力求图文并茂、生动有趣。施工单位应组织从业人员全面学习，全面理解、正确运用、严格执行，做到人人明白、照章行事。

标准化管理组织机构应及时总结典型的示范管理经验，加强宣传，用于指导驻地建设管理标准化工作。通过培训员工的职业技能和职业素质，表彰典型，鼓励先进，形成良好的管理氛围。经过一个项目的标准化管理全过程培训和实践，把新员工培训成文明、专业的技术力量，员工素质的提高反过来也会促进高速公路建设管理标准化水平的提升。

2.2.2 征地拆迁

征地拆迁是工程建设顺利进行的基础性工作与前提条件，征地拆迁、补偿安置涉及被征迁群众的根本利益，是被迁占群众最关心、最实际、最容易引发各种矛盾的焦点问题。在人本化理念的指导下，找准征地拆迁过程中的难点，制订切合实际的工作办法，是取得被征地群众支持、顺利落实项目用地、建设和谐工程、体现建设速度与效率统一的关键所在。

1)征地拆迁的宏观政策环境分析

土地征迁工作主要包括两方面：一是征地，二是拆迁以及因拆迁引起的移民安置和恢复。在我国高速公路建设发展过程中,由于相关的政策法规不健全和具体的国情限制,以及受传统的计划经济体制和建设管理模式影响,在土地征迁与移民安置方面存在许多问题。如过多地依靠行政手段或政治动员方式解决此类复杂的社会问题,其特点是只注重了"效率问题"而忽视了"公平原则";民众与政府管理部门之间"信息不对称",很容易造成目标群体的利益受到不同程度的损害,并且得不到合理的补偿。近年来,随着《中华人民共和国公路法》等相关政策法规的制定和完善,土地征迁和移民安置问题有法可依、有章可循,逐步改变了过去单纯依靠行政手段来处理此类问题的现象。

2)征地拆迁工作的特点

"征地拆迁难,难于上青天。"征地拆迁难是个老话题,但是随着工程建设扩张、经济社会发展,征地拆迁又在所难免。和其他工程建设一样,高速公路建设征地拆迁工作需要各级政府、国土资源等职能部门、村社基层组织的配合与人民群众的支持。此外,由于高速公路是典型的线性工程,其征地拆迁还具有一大、二散、三多、四宽、五连、六急、七长、八专、九难、十严等特点。

一大:征地拆迁数量大。高速公路建设既有主线(含互通匝道)建设用地,也有工程所需的施工便道、弃土堆放、填方借土、滑坡治理、线外工程改建恢复,以及拆迁还建、配套服务设施建设等用地。

二散:征地拆迁零星分散。由于高速公路主线工程和线外工程建设项目繁杂,除主线建设用地实行一次性集中征地拆迁外,其他用地则根据项目需要实行分散征地。

三多:征地拆迁宗数多。由于高速公路建设项目的多样性,必须采取补充征地的办法确保工程建设的需要。

四宽:征地拆迁涉及面宽。

五连:征地拆迁行为连续不断。由于高速公路建设项目前期设计的不确定性和建设过程中的不可预见性(如地质滑坡等),影响对项目用地统筹规划的力度和深度,导致征地拆迁行为频繁发生,形成流水作业。

六急:工程建设用地急。由于高速公路建设计划性强,工期要求紧,工程建设所需用地急迫,要求在短时间内交付使用。特别是各类补充征地,都是在承建的施工单位进场后,根据工程需要提出或者设计变更引发的用地,若提供不及时,将直接影响工程进度。

七长:征地拆迁时间跨度长。高速公路建设中的征地拆迁工作伴随工程建设的全过程,并且连续不断;工程竣工后,还需时间处理征地拆迁安置的善后工作。

八专:征地拆迁补偿实行专项政策。高速公路建设是带有公益性质的基础设施建设,在征地拆迁补偿安置的政策上除执行国家相关法律规定外,在补偿的范围及标准上,还应执行地方政府的一些专项补偿政策。

九难:征地拆迁补偿安置工作难度大。

十严:征地拆迁计划控制严。高速公路建设是一项投资大、用地多的项目,国家对项目用地实行严格管控。

3)征地拆迁不和谐的主要影响因素

(1)征地拆迁方式缺乏人性化

有些工程项目为了尽快开建,往往会给负责征地拆迁的工作人员划定工作期限并进行问责,问责内容要么关乎奖金,要么关乎升迁,在利益的激励及升迁动机的鞭策下,以最快的速度推进征地拆迁就成为必然,导致征地拆迁的工作方式简单粗暴。征地拆迁者往往以推进重点项目、发展经济为名,简单地采取"推土机"策略来开展征地拆迁工作,既无诚意,也无办法,很容易导致被征地民众与征地方之间产生对抗关系。

(2)拆迁补偿制度不统一

土地对于农民来说承载着农业生产资料和社会保障的双重功能,而征地拆迁给予农民的是一次性经济补偿,一旦补偿安置费用完,很容易陷入失地又失业的困境。征地拆迁补偿政策和补偿标准是项目征地拆迁的核心依据,是征地拆迁能否在全线范围内顺利、有序、平稳推进的前提和基础。在征地拆迁过程中,说的是一套、做的是一套,出尔反尔,或者区别对待,同一项目、同一情形补偿标准却不相同,这些问题都会引发被征地民众的不满,进而发生矛盾。

(3)地方协调管理体制不合理

高速公路征迁工作往往采取地方协调体系模式,即逐级临时成立由一名政府主要分管领导挂帅,相关职能部门负责人参与的地方协调领导组。由于大部分管理人员属于临时兼职且数量严重不足,加之协调工作经费缺乏、办公场所简陋、没有明确的行政职责规范和工作制度等原因,该协调工作机制表现出协调力度弱、制约效果差、宣传不到位、配合不积极、地方保护重等弊端。在处理干扰施工等纠纷时,不能积极发挥地方协调领导组的主体地位,不能及时制止冲突和妥善化解矛盾,处理方法简单粗糙,容易造成施工单位经济损失、工程延期、路地关系紧张等问题。

4)征地拆迁人本化的保障措施

(1)建立以地方政府全面负责的征地拆迁协调工作机制

建立以沿线地方政府为责任主体的征地拆迁协调工作机制,使地方政府将支持高速公路建设真正作为自己的事来抓。通过行政手段,使征迁工作涉及的各部门统一步伐,改变以往业主与各行业主管部门只是经济合同关系、缺乏约束机制的现状。通过地方政府成立强有力的组织机构,选配精兵强将,采取目标管理责任制,部门、县、乡镇、村组责任到人,做到一级抓一级,层层抓落实,把具体的任务落实到有征迁任务的每个村、每一户、每块地,做到任务明确、时间明确、人员明确。

(2)严格执行征地拆迁补偿政策

征地拆迁补偿安置政策是被征地群众和拆迁单位关心的热点,坚持统一的政策是确保征地拆迁工作顺利开展的有力保证。高速公路建设征地拆迁应依法依规进行,土地征用和房屋拆迁应严格按照国家土地政策以及地方政府补偿安置政策落实到户,结合地方实际情况制订具体的实施办法,并在实施过程中通过深入广泛的政策宣传与应用,增强群众的法律政策观念,消除部分群众对政策的偏见,确保征地拆迁顺利推进,按期提供建设用地。

一个地区的补偿政策标准具有涉及面广、周期性长等特点,鉴于其权威性,应综合考虑当地经济水平、人民生活水平和物价指数等因素,建立一个动态合理、涵盖细目齐全完善的补偿标准,并在实施时根据当时的物价水平适度调整。同时注重统筹兼顾,避免项目之间标准差异过大,原则上一个地区实行一个政策。

(3)透明公开征迁制度,营造良好征迁氛围

高速公路建设是带动区域经济发展、造福一方人民的千秋功业,应充分利用当地的广播、电视、报刊等新闻媒体,对高速公路建设的重大意义、征地拆迁的相关政策、征地拆迁和工程建设中的典型事迹、工程建设的形象进度等开展多形式、全方位的宣传,争取调动各级各部门及沿线广大人民群众关心、支持高速公路建设的热情,增强维护良好建设秩序的自觉性。

把政策原原本本地交给群众,公开透明,服务优先,主动赢得群众信任,消除被征迁群众对拆迁政策的疑虑和担忧。坚持政务公开,对征地拆迁补偿安置的各类标准、人员安置办法、征地补偿的期限及时张榜公布,公布办法可以利用信息管理平台实时发布,接受群众监督,确保高速公路建设征地拆迁工作的公开、公平和公正。

(4)改进征地补偿支付方式,防止克扣截留

为保证征地补偿费用及时、足额落实到被征地农民手中,应改进补偿款的支付方式。长期以来,征地补偿费是以乡镇、村组为主体发放的,由于基层政府财力不足,难免有截留部分征地补偿款的现象发生。要改变这种状况,必须从源头抓起,调整补偿费的支付方式。由补偿安置费支付方根据被征地乡镇、村组提供的农民名单和分配方案,把补偿款直接发放给被征地农民,以减少中间环节,缩短支付渠道,防止克扣截留。

(5)加强协调,解决好征地拆迁的其他相关问题

为确保征地拆迁工作顺利进行,争取项目建设能够得到基层组织和广大农民的支持,应妥善解决好被征迁群众的生产和生活问题,不留后患,避免因征地拆迁问题诱发干扰施工的事件发生。建设和施工单位应注意协调解决以下问题:

①地形地貌破坏后,自然排水流向发生变化,危害农田灌溉且属设计考虑不周的,施工单位应及时向建设单位反映,建设单位应负责协调处理。

②注意恢复水利工程排灌系统,尤其是涵洞的进出水口要协调处理好,以保证水系灌溉和水流通畅。

③恢复地方道路系统,应重视人行横道设置的位置和数量,其功能应满足各类家具和大牲畜的通行。在有些情况下,可将恢复道路和恢复水系结合考虑。

④妥善处理建设施工给农业生产造成损失等矛盾,协调有关部门及时制定征用农民责任地的办法和政策,并落实到位。

⑤协调督促有关部门解决和落实拆迁户新划宅基地及新建房屋各种税费的优待或减免。

2.2.3 产业大军的培训与管理

产业大军的培训与管理是高速公路施工能否高质、高效完成的关键,应坚持以人为本,运用科学的管理手段和激励机制充分调动产业大军的主观能动性,重视技能培养与职业培训,制定和落实相应的规章制度,保障产业大军的权益,通过企业文化建设提高其归属感和幸福感。

1)产业大军培训与管理的理论基础

(1)根据需求层次理论培训和管理员工

马斯洛需求层次理论认为人的需求分为两个层次:较低层次的需求,如生理需求、安全需求;较高层次的需求,如社交需求、尊重需求以及自我实现的需求。只有前一层次的需求得到满足,后一层次的需求才能被激起。从培训角度

来看,培训者只有知道员工的需求处在哪个层次,才能明确哪些方式、内容对学习者来说属于正向成果(或反向成果),才能让学习者自愿改变行为方式、获得知识或调整技能。

(2)根据强化理论激励员工

所谓激励,就是创设满足员工各种需要的条件,激发员工的工作动机,使之产生实现组织目标的特定行为过程,激励是管理的六大职能之一。美国哈佛大学心理学教授斯金纳提出强化理论,该理论强调人们愿意采取或避免某些行为。正强化是对满意行为成果的加强,负强化是对不良结果的排除。激励可以调动人的主观能动性,这是激励强化原理。根据这一原理,除了培养人的技术、能力、知识、专长以外,还应注意激发人的动机,即对人的激励。激励人的关键环节是设置目标,它既应符合组织目标的要求,又包含较多的个人需要,为多数员工所看重,因此能激发员工争先的动机,从而使目标导向行为(即组织期望行为)大量出现。

(3)根据凝聚理论培育企业文化

组织具有高度的凝聚力才能吸引人、留住人,进而才能形成竞争力。凝聚力包括两方面:一是组织对个人的吸引力,或个人对组织的向心力;二是组织内部个人与个人之间的吸引力。工资、奖金、福利、待遇等物质条件是组织凝聚力的基础,没有这些就无法满足员工的生存、安全层次的基本需要;组织目标、组织道德、组织精神、组织哲学、组织制度、组织形象等精神文化内容,是组织凝聚力的根本,缺乏它们就难以实现员工的社交、尊重、自我实现、超越自我等精神需要。组织凝聚力形成的核心取决于内在的共同价值观,通过建立良好的群体价值观,建设良好的组织文化来凝聚员工,可以达到事半功倍的效果。

2)产业大军培训的保障措施

产业大军是施工企业的重要人力资源,产业大军培训是施工企业的重要工作。培训不仅能让员工掌握必要的工作技能,而且可以提高他们的素质与能力。同时,培训还是增强员工的归属感、认同感最有效的激励方式,也是员工实现个人价值的重要手段。培训可以让优秀的员工更优秀,培训是战略性投资。建立科学的培训体系、确保培训经费落实到位、建立合理的培训考评制度,是产业大军培训的重要保障措施。

(1)建立科学的培训体系

为了提高培训的效率与效果,对产业大军的培训应建立科学的培训体系,内容主要包括:培训需求分析、培训目标的确定、培训计划的编制、培训计划的实施、培训效果的评估等。培训内容、培训方式以及培训工作中存在的问题有赖于培训需求分析，只有培训需求分析正确，培训工作才有针对性。通过培训需求分析，根据施工企业的发展战略与人力资源的总体规划，确定培训的总体目标。通过培训需求与目标分析，结合具体建设项目的施工特点，突出先进技术和安全生产要求，制订符合企业特点、具有针对性的培训计划。培训计划实施后运用合理的方法考核评价培训过程及其实际效果。

(2)确保培训经费落实到位

培训员工需要支出，培训经费是开展培训工作的基础保障。应明确规定培训经费占施工企业全部支出的百分比或人均培训费用标准，应严格执行财务制度，对培训经费实行专款专用，防止挪用和滥用培训经费的事件发生，确保培训经费真正落实到位。

(3)建立合理的培训考评制度

员工培训后效果如何，培训能否实现预定目标，应建立合理的考评制度，以考核检验培训效果。对于施工企业的专职技术员工，将培训绩效作为一项重要内容纳入年度考核，并作为员工晋升、奖励的依据；对于外包劳务公司的员工，技能与安全等培训的考评结果可作为考核施工企业的一项指标。

3)产业大军管理的保障措施

高速公路施工属于劳动密集型产业，产业大军的管理是工程管理的重要环节。建立安全管理制度、确保工资按时足额发放、注重思想疏导与沟通是产业大军管理的重要保障措施。

(1)建立安全管理制度

各个高速公路项目部都应成立安全生产领导小组，负责协调安全生产、指挥事故应急处置工作。有条件的项目部还应设立应急处理指挥部以及现场应急处理小组，以便第一时间对安全事故进行紧急处理。日常管理中应加强安全生产教育，提高全员安全意识，安全教育的重点包括：①主人翁责任感和安全第一的教育；②安全基本知识和技能的教育。工程开工前应组织全体干部、职工认真学习安全生产规定与安全施工常识；③遵守规程制度和岗位标准化作业的教育；④文明施工教育等。此外，开展安全检查评比竞赛活动，激发全员安全生产的自觉性。

根据工程特点，建立安全岗位责任制，逐级签订安全生产包保责任状，明确分工，责任到人。每一工序开工前，在进行技术交底的同时，还应进行详细的安全施工交底。建立安全生产定期和不定期检查制度，每月对安全生产情况进行一次检查，每季度进行一次大检查，每年进行一次总检查，评比打分，奖罚兑现。

(2) 确保工资按时足额发放

为了保证产业大军的工资能够按时、足额发放，应加强产业大军工资支付的基础管理工作。首先，保证产业大军的知情权。项目部可采取产业大军听证会、沟通交流会和外部劳务公司结算公示单等形式，将工资构成和明细及时告知产业大军。其次，进一步建立和完善产业大军工资支付监控制度，明确监控的程序和方法，明确工资保障金的监管主体与监管方式，选取有资质的劳务公司进入高速公路建设市场。再次，承包人必须严格执行工程款专款专用，严禁将工程建设资金挪作他用，以保证产业大军工资的按时兑现和工程建设的顺利实施。最后，应监督工资支付的时间。春节、农忙等重要时节前是产业大军工资支付的高峰期，重点时段重点监督。

(3) 注重思想疏导与沟通

做好产业大军的思想疏导工作对于增进产业大军与用工单位的沟通、维护产业大军队伍稳定具有重要作用，应从思想上、生活上、技能上积极引导产业大军，以先进的企业文化和团队精神感染熏陶产业工人，引导产业大军自觉提高素质，摒弃一些不良嗜好和习惯。应加强与产业大军的沟通、解释与疏导工作，及时掌握他们的思想动态，及早发现问题、解决问题，把问题和矛盾化解在萌芽状态，确保用工单位与产业大军相互信任、沟通顺畅、和谐相处。

2.2.4　环保施工

在高速公路施工过程中，应始终恪守环保施工，遵循“人本化”的发展理念，贯彻“以人为本”的思想，尊重自然、爱护自然、融入自然、自然而然，树立“原始的就是最美的，不破坏就是最好的保护，力求施工中最小程度的破坏、施工后最大限度的恢复”等环保理念，追求人与自然的和谐统一，将工程建设对环境的影响与破坏降到最低。

1) 总体要求

(1) 依法依规，遵守国家有关环境保护、水土保持法律、法规的规定。

(2) 严格遵循设计文件，落实各项工程和生物防护措施，确保工程沿线生态环境和生态资源得到有效保护。

(3) 高速公路建设单位应设立环保水保机构，建立健全相应的工作制度，制定《高速公路环保水保管理办法》。

(4)坚持做到"少破坏、多保护,少扰动、多防护,少污染、多防治",贯彻执行"谁污染谁治理,谁破坏谁恢复"的原则;坚持"三同时"的原则,即环保水保工程与主体工程同时设计、同时施工、同时投产。

(5)尽量减少对施工影响区的植被、天然地表、自然河床的破坏。取土场、施工便道等临时占地使用后应及时恢复或复垦。弃渣场应进行环保防护和生态恢复,防止水土流失。桥梁基础施工过程中应采取必要的河流水体污染防护措施。隧道施工过程中,应采取有效的地下水污染防护措施。施工过程中,应做好噪声和振动、扬尘和沥青烟、生活生产废水、生产废料等污染物的防治工作。

2)环保施工的措施

高速公路建设过程中环境保护的主要内容包括沿线生态环境、声环境、水环境、大气环境、社会环境和人民生活环境,环保施工的重点是水污染的防治、施工废弃物的处理、噪声与大气污染的防治、水土保持、风景名胜区保护等。

(1)水污染的防治

施工现场废水和固体废物随水流流入水体部分,包括泥浆、水泥、油漆、各种油类、混凝土外加剂、重金属、酸碱盐、非金属无机有毒物等,是造成水污染的主要来源。路基施工、桥梁桩基施工及混凝土施工过程中产生的大量废水和废物会侵蚀深层地基的水源;混凝土生产、运输、浇筑产生的污染,施工机械设备产生的污染,劳动力高度集中产生的污染,以及其他相关配套设施产生的污染会对水源产生较大影响。在施工中必须采取有效措施,保护水源及所处水系不受污染,具体包括:

①施工现场搅拌站废水,修建桩基、墩台的泥浆水以及施工机械油污,严禁排放到河流里。泥浆必须设沉淀池,沉淀池自然干化,施工结束后填平沉淀池。各种施工废油、废液集中储积,集中处理,严禁乱流乱淌。

②现场存放油料的地面须进行防渗处理,如采用防渗混凝土地面、铺防油毡等,防止油料跑、冒、滴、漏,污染河流或土壤。

③修建便道时滑落到河道的土石方应及时清理,及时疏通河道。

④施工现场的食堂,其污水排放应设置有效的隔油池,并定期清理。

⑤工地厕所的化粪池应采取防渗措施。

⑥加强对地表水和地下水水质的监测,配合环境监测部门做好舆论宣传和监督工作,加强对沿线施工废水的控制。

(2)固体废弃物的处理

施工过程中产生的固体废弃物包括建筑渣土、生活垃圾、废弃的散装建筑材料、废弃的包装材料、粪便等。固体废弃物对环境的危害主要表现在侵占土地,污染土壤、水源与大气,影响环境卫生等方面。处理措施包括:

①回收利用:对建筑渣土可视情况加以利用,对废钢可按需要用作金属原材料,对废电池等应分散回收,集中处理。

②对固体废物进行分选、破碎、压实浓缩、脱水后减少其最终处置量,从而降低处理成本,减少对环境的污染。在减量化处理过程中,也可采用焚烧、热解、堆肥等技术措施。

③焚烧处理:对于不适合再利用且不宜直接予以填埋处理的废弃物,尤其是对受到病菌、病毒污染的物品,应采用焚烧进行无害化处理。焚烧处理应使用符合环保要求的处理装置,注意避免对大气的二次污染。

④稳定和固化处理:利用水泥、沥青等胶结材料包裹松散的废物,减少废物的毒性和可迁移性,减少污染。

⑤填埋:经过无害化、减量化或焚烧处理的废物残渣集中到环保部门指定的地点进行填埋处理。填埋场应利用天然或人工屏障,尽量使需处置的废物与周边的生态环境隔离,并注意废物的稳定性和长期安全性。

(3)噪声的防治

①在设备选型时,对使用的机械设备进行详细的建筑声响评估,选择低污染、低噪声设备,并采取消声、隔声、护板等措施降低噪声。

②在靠近居民区施工时,机械设备和工艺操作所产生的噪声不得超过有关标准,并符合国家的相关规定,否则应采取消声措施,降低噪声。

③合理安排物料运输的时间,减少对居民夜间休息和学生上课的影响。在经过村镇、学校、医院时,减速慢行、禁止鸣笛。在比较固定的机械设备附近,修建临时隔声屏障,减少噪声传播。

④合理安排施工场地。混凝土拌和场、预制场、机械加工点等尽量远离居民集中点,稳态噪声声压级大于 80dB(A)的机械设备须距离居民点 500m 以上。

⑤在施工期间,适当控制机械布置密度,条件允许时拉开一定距离,避免机械过于集中形成噪声叠加。

⑥按劳动卫生标准控制机械操作工人及现场工作人员的工作时间,配发并督促佩戴隔声耳塞、耳罩等防护物品。安排操作稳态噪声声压级大于 80dB(A)机械设备(包含挖掘机、装载机、推土机、压路机等)的工人采用短循环轮流作业的方式,每个工人在高声环境连续操作时间不得超过 6h。

(4)大气污染的防治

①选择低污染的机械设备,并安装空气污染控制系统。

②在运输、储存水泥、粉煤灰等易飞扬物时,采取覆盖、密封、洒水等措施,防止和减少扬尘。

③车辆进出工地不得超限、超速行驶,防止沿途撒漏及产生较大的粉尘。

④混凝土搅拌站、堆料场、材料加工场等作业场地的设置应尽量远离居民区,周围500m范围内不得有医院、学校等敏感点。沥青拌和站应充分考虑当地的季节风向,与最近的居民区之间应满足"500m外下风向"的距离要求。

⑤严禁在现场焚烧任何废弃物及有毒废料(废机油、废塑料等);生活营地使用清洁能源,保证炉灶烟尘符合标准;对施工机械车辆加强维护,以减少废气排量;对汽油等易挥发物品应密闭存放,并尽量缩短开启时间。

⑥配备专用洒水车,对施工现场和运输道路经常进行清扫和洒水湿润,减少扬尘。

⑦拆除旧建筑物时,应采取洒水措施,控制扬尘现象,并将现场垃圾及时清理出场。

(5)水土保持

①实行严格的耕地保护制度。施工场地、施工便道、弃渣场尽量利用荒山、荒地,不用、少用耕地。

②做好施工便道和施工场地的防护工作,保护自然景观,减少水土流失。施工便道尽量使用原有道路,新修便道尽量少占耕地、少砍伐树木、少破坏植被,最大限度地减轻对自然环境的破坏;在施工便道两侧采取必要的防护措施,并按照"适地适种"的原则在便道边坡植树种草。

③取土场选择应尽量避开植被覆盖区和耕地,当必须占用植被覆盖区或耕地时,应采取措施予以保护。植被可选择合适地点进行移植,防止破坏;耕地取土场内应先把表层耕植土推出,放置一边,待取土完成后,将耕植土予以回填,以便继续耕作,不减少当地耕地面积。

④在施工场地开挖和弃土(渣)场堆放土(渣)以前,先剥离表面覆盖层或耕植土,并选择便于储存、不易流失的储土(渣)场堆存,进行必要的防护和保肥。施工结束后将弃土(渣)场整理、恢复,表面用耕植土覆盖。

⑤路基、路面施工阶段,项目建设区水土流失防治应将工程措施与植物措施相结合,分区防治,形成完整的防护体系;永久防护措施和临时防护措施相结合,综合防治路基、路面施工阶段的水土流失。

(6)风景名胜区等保护

对于涉及自然保护区、风景名胜区、饮用水水源地、重点文物等需要特殊保护的,应按照环境评价报告书的要求制订详细的保护方案和保护措施,严禁在保护区域内设置施工场地、施工便道和其他施工附属设施。

3）环保施工的保障措施

（1）分级管理

分级管理高速公路建设的环保水保工作，建设单位为第一级，工程监理和环保水保监测单位为第二级，施工单位为第三级。建设单位负责建设项目全面环保水保管理工作，负责督促指导监理和施工单位严格履行其职责；监理和监测单位负责对辖区内施工单位环保水保工作进行具体监管，督促各施工单位履行环保水保职责；施工单位是环保水保责任主体单位，承担并履行承包项目的环保水保职责，接受和落实建设单位和监理、监测单位对环保水保工作的监督和指导。施工单位应增强环保水保意识，强化环保水保措施，组建环保水保领导小组，切实建立起环保组织管理体系，分管领导具体抓落实，责任到人。

（2）宣传教育与培训

开展形式多样的宣传教育活动，将环保水保工作纳入各单位的创优达标综合考核项目中，使环保水保工作深入人心。在施工现场和生活区，设置环保水保宣传栏和标志牌，从日常生活做起，使所有参建人员把环境保护作为一种自觉行为。印发环保教育手册，做到施工人员人手一册，增强全体员工“环境保护、人人有责”的意识和历史责任感。

对施工沿线进行调查，充分了解当地环境、生态、植被、水系情况，收集和学习国家关于环保水保的法律法规，学习建设单位制定的《高速公路环保水保管理办法》，组织环保水保专职人员的岗前培训，聘请相关专家为施工人员授课等。

（3）检查评比与奖惩

推行环保水保目标责任制，根据环保水保目标制订检查计划，明确检查任务，确定检查方法，落实检查责任制。项目部每季度组织一次环保大检查，发现问题，找出原因，制订纠正措施并及时整改。

执行环保“三检制”，即作业队兼职环保员先进行自检，合格后报工区专职环保员进行检查，最后报项目专职环保工程师复查，合格后方可进行下道工序施工。

采取适当的评比奖惩制度，设立环保奖励基金，根据环保检查情况，进行单位间的综合评比，对环保水保工作落实良好的单位予以奖励，对落实较差的单位，督促其停工整顿，并对责任人进行处罚。

2.3　发展理念人本化在保宜高速公路建设中的实践

2.3.1　驻地建设与文化娱乐

1) 驻地建设

保宜指挥部高度重视驻地建设,施工招标时专门考虑并落实了相应的建设经费,加强组织领导,成立了由指挥部、监理单位、施工单位共同参与的驻地建设管理机构,明确各自的分工和职责。指挥部是驻地建设的总负责人,负责制订详细的驻地建设标准,负责组织评审各项目部制订的驻地建设方案。保宜高速襄阳段驻地建设方案评审会见图2-1;监理单位是驻地建设的监管者,监督检查施工单位驻地建设落实的详细情况;施工单位是驻地建设的执行负责者,根据通过评审的建设方案来组织实施驻地建设,验收合格后,再由指挥部启动驻地建设专项经费。保宜高速全线17个标段全部按标准化的要求建成了项目驻地。图2-2为保宜高速襄阳段九标按标准化建成的项目驻地。

图2-1　保宜高速驻地建设方案评审会

图2-2　保宜高速襄阳段九标项目驻地

2) 驻地文体设施建设

保宜高速17个标段的项目驻地均配备了较齐全的文体设施,包括职工之家、职工书屋等。职工之家是广大职工开展文体活动、强健身体素质、丰富业余生活、促进技艺交流的重要场所,多设有篮球、羽毛球、乒乓球、台球、健身器、阅览室、棋牌室等。各项目部适时组织羽毛球赛、篮球赛、圣诞晚会、篝火晚会、诗歌朗诵、演讲和摄影比赛等形式多样的文体活动,丰富工地文化,充实参建人员的精神生活。保宜高速襄阳段二标项目部设立了职工书屋,2013年9月荣获湖北省工会授牌，拥有工程技术、人文地理、世界名著等各类丛书 1000 余册，订阅了各类报刊杂志，配备计算机供职工上网冲浪，面向职工免费开放，成为很多职工的“快乐驿站”。图 2-3为保宜高速襄阳段二标项目部职工书屋。

图 2-3　保宜高速襄阳段二标项目部职工书屋

3) 驻地文化娱乐

保宜高速公路建设项目地处大山深处，建设者远离城市、远离家庭、远离亲人，环境条件艰苦。针对于此，保宜指挥部与各项目部开展了丰富多彩、形式多样的文化娱乐活动。从丰富职工文化生活入手，成立了摄影协会、羽毛球协会、乒乓球协会等，唱响保宜之歌《奉献》，积极开展群众性健身与文化娱乐活动。通过体育竞赛、歌舞晚会、娱乐竞赛等，丰富生活、陶冶情操、锻炼体魄、振奋精神。2013 年 9 月，保宜全线以“学习十八大、建功在保宜”和“大战三季度、攻坚保目标”活动为主题，开展了“攻坚杯”运动会、参观红色教育基地、登山比赛、篝火晚会等文体活动，图 2-4 为保宜高速篝火晚会现场。2012 年 9 月，保宜指挥部、宜昌市交通运输局、远安县委县政府联合举办了送戏到工地慰问演出活动，演出富有地方文化特色，同时又融入保宜文化和时代气息，图 2-5 为演出现场。

积极向上、丰富多彩的文体活动增进了保宜指挥部与各项目部的情谊，增强了参建单位的凝聚力与向心力，激发了参建者的劳动热情与拼搏精神，促进了项目建设的顺利进行，并增强了参建人员的体质。在湖北省交通运输厅组织的“高路杯”以及湖北省交通投资有限公司组织的“捷龙杯”羽毛球赛等比赛中，保宜高速代表队均获佳绩。保宜指挥部被湖北省委、省政府表彰为 2011—2012 年度省级文明单位，2013 年荣获湖北省交通运输行业工会工作先进集体荣誉称号。

图 2-4　保宜高速篝火晚会

图 2-5　保宜高速送戏下工地

2.3.2　征地拆迁

1) 依法依规、公开透明、阳光操作、和谐征迁

保宜高速公路的征地拆迁工作可概括为以下六个方面：

一是高度重视，及早动员，合理部署，科学制定征迁补偿办法。保宜指挥部高度重视征地拆迁工作，及早动员，编制好搬迁规划，专门召开拆迁工作部署会，加强领导，明确责任。科学制定征迁政策，严把政策知情关，坚持依法依规、注重实际，最大限度地保护被征迁人的合法权益不受损害。在深入调查研究的基础上，依据国家有关政策，比照相邻区域高速公路建设征迁政策，结合实际制定《保宜高速公路征地拆迁补偿办法》。图 2-6 为保宜高速征迁工作动员会现场，图 2-7 为保宜高速拆迁工作部署会现场。

图 2-6　保宜高速征迁工作动员会

图 2-7　保宜高速拆迁工作部署会

二是加强培训。为了保证入户调查的公平公正，防止牵“人情尺”、丈“人情地”、量“人情房”、算“人情物”，杜绝标准政策把握水准不一等现象发生，对参与入户调查的工作人员进行技术培训，统一测量方法和勘界流程。此外，专门召开征地拆迁补偿标准测算培训会，讲解补偿标准、补偿费的测算方法、测算工作注意事项、签订征迁协议的相关要求等，强调严格按标准做好征迁补偿核算工作，避免在兑付过程中出现少、漏、重现象，确保兑付资金准确无误，切实保障被征地人、被拆迁人的合法权益。

三是广泛宣传。制订和细化宣传方案，充分利用各种宣传手段，广泛宣传保宜高速公路是致富路、惠民路、快捷路、旅游路，争取沿线人民群众对保宜建设的支持。为保证征迁政策公开透明，远安县将《保宜高速远安县征地拆迁补偿办法》铅印800多份，在村、组以及人户密集的地方张贴，使补偿政策家喻户晓、人人皆知。

四是统筹兼顾攻坚克难，矛盾纠纷基层化解。保宜高速公路征迁量大、搬迁难度大、涉及对象多、隐性矛盾多，情况十分复杂。地方协调指挥部始终坚持以人为本、依法依规、公平公正、弄清每户情况、逐户分析分类处理。对通情达理户正面激励，对特殊困难户结对帮扶，对遗漏错登户核实确认，对得寸进尺户据理不让，对软拖硬抗户连续作战，对软硬不吃户多措并举。坚持政策标准、答复口径一致，临时居所落实，永久住所安置，预案准备到位，工作信息畅通。

此外，远安县以乡镇为主体建立源头安全维稳机制，排查化解矛盾纠纷，实行"旬查月报季督"制度，即一旬一排查分析、一月一汇总上报、一季一检查督办。对排查出的矛盾纠纷实行党政领导包宣传解释、包问题处理、包思想转化、包矛盾化解、保稳定的"包保"责任制，做到问题早发现、工作早介入，矛盾纠纷在基层化解，实际问题在现场解决。例如，远安县洋坪镇徐家棚村集体山林250亩原承包给9个农户，在本项目的征迁补偿中，涉及林地补偿费、安置补偿费、青苗补偿费近400万元。该村村民联名反映该林地属集体土地，其林地补偿费应归村集体所有，并且过去大集体集中进行过开发，安置补偿费、青苗补偿费也不能全部补给个人。洋坪镇组织徐家棚村展开调查，在弄清情况后，深入细致地给承包人宣传征迁补偿政策，并召开村民代表大会，研究解决方案，妥善处理集体和个人利益，使各方都满意，成功化解了一起大规模的集体上访事件。2010年12月至2011年8月间，远安县地方协调指挥部门共排查矛盾纠纷1902起，化解1872起。其中，在基层得到化解的达1845起，基层有效化解率达98.6%。

五是统一标准，实事求是，阳光操作。实事求是地普查和统计基础数据，集中时间、集中精力，深入到村、组、农户和征迁现场，严把入户调查关，坚持政策标准不走样，一把尺子量到底，实行阳光操作，确保基础数据准确公正。

六是公开透明，严格兑付补偿款，"一卡通"直达户主。将征迁户的"征地拆迁数量、补偿标准、补偿金额”以公告的形式张榜公布。在兑付征迁补偿资金时,利用信息化管理手段,做到“阳光兑付、从严兑付、安全兑付”。制定并印发《征地拆迁补偿费测算及公示办法》、《征地拆迁补偿费运作程序》、《财务管理办法》等,与专业银行密切合作,做到被征迁户“一户一卡”,补偿款通过“一卡通”直达户主,防止截留或代扣代缴,安全快捷。

保宜高速公路征迁工作依法依规,公开透明,阳光操作,做到了指挥部满意、项目部满意、群众满意,实现了和谐征迁,为工程建设奠定了良好基础。

2)妥善建设移民区,助推新农村建设

保宜高速公路从2011年开工建设以来,本着“惠民服务”的理念,与当地政府一道重视移民安置工作,将拆迁工作与新农村建设相结合,按照“起点高、布局好、交通便利、环境优美”的工作思路进行建设。一是统一规划。安置区实行“统一规划、统一布局”,聘请专业设计院进行科学设计,对建筑面积、建筑风格、建筑颜色等进行明确规定,并对“三通一平”及基础设施进行统一规划。二是高标准建设。严格按照规划,把安置点建成设施配套、功能齐全、环境优美、管理有序的社会主义新农村。三是充分尊重农民意愿。选择自然环境优美、交通便利、适宜村民居住的集镇作为建房地址。

2013年4月,保宜高速公路沿线远安县花林寺移民小区,330套二层高的居民楼房规划有序,通村水泥路畅通便利,水电配套设施功能齐全,204户移民安居乐业,这是保宜高速妥善安置移民、助推当地新农村建设的良好见证。

2.3.3 产业大军的培训与管理

1)技能培训

保宜指挥部围绕“学有计划、比有目标、创有平台、干有业绩”的“四有”要求,全力推进职工素质工程,制订职工培训规划,通过专家讲座、技术比武、岗位练兵、交流座谈等方式,深入开展产业大军大培训活动。总体而言,保宜高速产业大军的技能培训工作可归纳为以下三方面:

一是思想上高度重视,分期分批分层次进行。保宜高速全线共17家施工单位,战线长,有一万多名参建者,技术水平和素质参差不齐,且流动性较大。保宜高速十分重视参建人员的技能培训工作,针对高速公路建设工期阶段性推进,参建队伍分批式更换的实际,保宜指挥部要求各参建单位坚持分期分批分时段滚动式培训参建人员,使每一个管理人员、每一个现场施工人员、每一个一线作业工人都明白做什么、怎么做、达到什么标准,使参建者在各自的岗位上各负其责、得心应手，让每个员工都能找到工作的乐趣和归属感。

此外，注重分层次对参建人员进行培训。其中，保宜指挥部把关键工序控制、质量通病防治作为培训的主要内容；监理单位把内业管理、现场管理作为培训的主要内容；项目部把应知应会作为培训的主要内容；一线作业工人把工艺工法、施工安全作为培训的主要内容，使每一个施工人员都能熟练掌握施工要领，在工作中不出错、少出错，不返工，出精品，把他们培训成一专多能、有所专长的产业大军。

二是培训形式丰富且多样化。以保宜高速襄阳段为例，五标项目部把课堂"搬到"工地，经常性请专家和技术人员讲课(图 2-8)，录制授课内容，利用午间、夜间、雨天等施工间歇期滚动播放，组织工人们学习；七标以民工夜校等形式进行施工安全与工艺工法培训(图 2-9)；八标践行产业大军培训的另一举措是"导师带徒"，将项目部的业务骨干与新参加工作的员工进行结对教学，实行"导师带徒"(图 2-10)。建立了完善的"导师带徒"规章制度，明确教学目标，制订教学和考核计划，要求师徒双方严格遵守协议约定，各尽其能、不遗余力地为保宜建设贡献智慧和力量；四标专门开展了特种作业人员培训，旨在增强特殊设备操作人员的安全防范意识，规范操作流程，提高业务水平。培训内容涉及安全生产法律法规、特种作业安全技能、现场实际操作及案例分析等。对通过培训、考核合格人员颁发相关特种设备作业操作证。

图 2-8　襄阳段五标 T 梁施工技术讲座

图 2-9　襄阳段七标民工夜校培训

此外，保宜高速还开展了全方位、多层次的岗位练兵和技术比武活动(图 2-11)，切磋技艺、取长补短，调动广大参建者学技术、钻业务的积极性，提高整体技能与操作水平，在保宜高速全线形成比学赶超、争先创优的热潮。

三是培训成效显著。截至 2013 年 10 月，保宜高速共举办安全生产、计量支付、特种作业、档案管理、应急演练、标准化建设、质量通病防治等各类培训200余次，培训人数1万余人次，打造了一支“思想道德好、管理水平高、业务能力强”的高素质队伍，为保宜高速公路建设提供了坚实的人力资源保障。

图2-10　襄阳段八标“导师带徒”签约仪式

图2-11　保宜高速“攻坚杯”技术比武

2013年5月，在湖北省交通重点工程“质监杯”质量安全技能比武决赛中，保宜指挥部代表队荣获团体一等奖；2013年10月，在湖北省交通重点工程建设领域一线产业工人“攻坚杯”技术大比武决赛中，保宜指挥部代表队大获丰收，获钢筋工比武第1名和第4名，获电焊工比武第7名和第8名，是唯一一个4名参赛选手全部进入前10名的单位，被组委会评为优秀组织奖。钢筋工比武第1名获得者陈杰义现场被湖北省总工会授予“湖北五一劳动奖章”。

2）安全教育与职业病防治

保宜高速牢固树立“没有安全的进度是负进度”的观念，始终把安全生产放在第一位，定期开展安全知识讲座、安全警示教育活动，将安全知识灌输到每个参建人员心中，提高全员安全意识，教育全体建设者特别是一线工人，做到不伤害自己、不伤害他人、不被他人伤害，增强安全防范意识。此外，在产业大军的安全教育管理方面，保宜高速还有以下一些好的做法：

一是签订《岗位危险告知书》。2013年，保宜高速各施工单位与沿线1.1万余名施工人员签订了《岗位危险告知书》，将各工种的岗位危险事项告知施工人员，提醒按规范、按程序、按标准施工。对于安全防范不到位的工地，施工人员可以拒绝施工，且包工头还得支付误工费。签订《岗位危险告知书》，提高了产业大军的安全意识，也进一步督促各项目部加大对安全设施、器材的更新与经费的投入，使其更加重视依法依规抓好安全生产。

二是让员工佩戴小胸牌。保宜高速襄阳段九标借鉴先进的施工管理经验，把隧道、桥梁、路基、拌和站、钢筋加工等各工序施工安全注意事项及质量规范要求,精炼成简单易懂的提示语,制成卡片放在胸牌里随身携带。胸牌的一面是照片、姓名、岗位,另一面是各工序安全、质量提示语。小胸牌简单易懂,符合现场实际,工人们佩戴它就像带着护身符。推行工作提示牌后,工人的安全、质量意识明显提高,自觉遵守制度规范,主动监督违规行为,正所谓小胸牌折射出大管理。

为保障参建者在生产劳动过程中不受职业病危害因素的影响,预防职业病的发生,保宜高速襄阳段十标开展了职业健康安全管理达标创建活动。活动共分八项内容,包括以图片、文字、广播形式加强对职业病防治的宣传教育,普及掌握职业病防治知识;在施工作业场所设置职业健康警示标牌(图 2-12),对重大危险源实施实时监测;对从事有毒有害工种者建立职业健康安全管理监护档案,并定期安排他们体检等,受到广大参建者的好评。

为落实以人为本的管理理念,保宜高速为员工定期开展健康体检。通过体检,让员工对自身身体状况有清晰地认识,起到了“有病早治、无病预防”的作用,免除员工的后顾之忧,增强了保宜高速的整体向心力、凝聚力与战斗力。

3)“知民意、暖民心”,确保工资按时足额发放

保宜高速在“知民意、暖民心”,确保工资按时足额发放方面的工作可归纳为以下四个方面:

一是高度重视、工作细致。保宜指挥部高度重视产业大军,特别是农民工工资支付问题,强调农民工工资支付是事关社会稳定大局的政治问题,并保证及时发放用于农民工工资支付的款额。2011 年 12 月,保宜指挥部就春节前农民工工资支付情况进行了专题调研,要求施工单位提高认识,采取得力措施,将农民工工资支付问题当作头等大事切实落实到位;2012 年 12 月,保宜指挥部联合宜昌市劳动保障局,当阳市、远安县人社局等部门,就宜昌段各施工单位农民工工资支付专项检查召开座谈会(图 2-13),要求相关单位认真开展自查自纠工作,确保农民工工资支付落实到位。

二是措施得力。具体包括:①建立工资台账,做到账物相符,施工单位全面负责落实,指挥部严格清理检查,一旦发现有拖欠现象将严厉通报批评,并采取处罚措施。②专款专用。决不容许施工单位有截留、克扣农民工工资的现象发生,要求做到专款专用、及时支付到位。③明确责任。确保将民工工资支付给民工本人,防止包工头恶意拖欠、克扣民工工资。一旦发生因拖欠农民工工资而引发的上访事件,施工单位承担全部责任。

图 2-12　职业危害告知牌

图 2-13　保宜高速农民工工资专项检查座谈会

三是“一人一卡”、月清月结。保宜高速全线各项目部为每位农民工建立了个人档案，实行农民工工资支付一人一卡的管理办法。一人一卡，一月一支付，每个月的工资直接打到卡上，确保工资及时、足额、安全、直接发放，切实有效地维护了农民工的合法权益。

四是大力实施“惠民保障”工程，关心、关爱农民工。以保宜高速襄阳段为例，五标领导班子与农民工开展谈心活动，开门听意见，切实解民忧，践行“为民、务实、清廉”的承诺；六标安排专人免费为农民工提供“春运”网上订票服务，根据农民工离家的远近合理调整工序和放假时间，安排离家较远的农民工提早放假，尽量避开农民工返乡高峰；九标项目部把关心农民工疾苦、维护农民工权益作为项目管理的一项重要工作来抓。在项目部领导眼里，农民工与职工一样，都是兄弟姐妹，都是工程建设中的重要力量，实实在在地改善他们的生活条件，提供与职工相同的福利待遇，使农民工感到自己受尊重，让这些远离家乡的民工兄弟感受到项目部大家庭的温暖。

2.3.4　环保施工

1）确定环保目标，制定环保制度

保宜高速公路建设的总体目标是“建成一条优质环保、安全舒适、路景相融的山区高速公路”，环保目标是“全面实施环境保护标准，打造锦绣保宜”。为有效保护沿线的生态环境、自然环境、社会环境和人民生活环境，降低环境污染，减少水土流失，提高环境保护与水土保持的质量和水平，保宜指挥部于 2011 年 7 月制定了《湖北省保宜高速公路环保水保管理办法（试行）》，请各施工、监理单位严格贯彻执行；为规范弃土（渣）场管理，保宜指挥部于 2012 年 5 月向各驻地办、各施工单位下发了《关于加强弃土（渣）场管理的通知》。

为全面实现“锦绣保宜”的建设目标，结合党的十八大“建设美丽中国”的要求，保宜高速在绿化、美化上下功夫，进行环境保护与绿化景观专项设计。在与施工单位签订合同时，保宜指挥部将环境保护作为其必须履行的义务之一，与施工风险金挂钩，实行重奖重罚。由于合同的有效约束，很好地规范了各施工单位的行为，促使他们自觉形成保护环境的良好意识，将环保建设工作当作标准化建设的重头戏，并在建设过程中一路延伸开来。

2）举办环保水保培训

为提高环保水保的技术水平，保宜指挥部于 2012 年 12 月专门举办了环保水保培训会（图 2-14），全线各施工、监理单位分管领导、总工程师、环保工程师参加培训。培训内容包括《中华人民共和国水土保持法》、高速公路施工环境监理、生产建设项目水土保持防治技术要求及验收程序等。通过培训，学员们充分认识到环保水保的重要性，进一步提升了环保水保的工作水平。

2013 年 7 月，保宜指挥部举办了环保水保工程监理培训会（图 2-15），邀请保宜高速环保水保监测单位的专家授课，强调了环保水保监理工作的重要性，明确了施工期环保水保监理人员的工作内容、职责与方式方法，讲授了环保水保工程验收程序、验收内容以及环保水保监理工作总结的写法等。

图 2-14　保宜高速环保水保培训会

图 2-15　保宜高速环保水保工程监理培训会

3）环保设计与环保施工并举

保宜高速公路全线均按照绿化环保要求进行设计，翻开其绿化景观设计图纸，全线范围内全面绿化，路堤、路堑边坡、公路两侧、中央分隔带、服务区、停车区等全面植树种草，不留一丝空地，整条高速公路宛如一条绿色飘带，在崇山峻岭之中飘舞。

对设计方案不符合环保理念的，保宜指挥部坚决整改。例如，宜昌段六标原设计方案横跨官道河水库，该水库提供下游 3 万亩良田的灌溉、3.75 万公斤水产的养殖以及2万人口的饮用水。为保证水库不被破坏，在设计初步方案定稿之后，保宜指挥部技术管理处带领设计专班跋山涉水，对此段重新勘测设计，最终将路线西移，改为隧道通过，达到了“碧水依旧在，青山绕涧行”的良好效果。

在施工过程中，保宜高速公路全体参建单位尽最大可能保护沿线的地表植被、土地、水源和空气。实行最严格的耕地保护制度，对施工场地、便道、弃渣尽量利用荒山、荒地，不用、少用耕地，不砍伐施工界线外的植被。为保护空气环境，尽量减少粉尘、扬尘、工业废气的排放量。同时，注重土地复垦、绿化恢复。对部分位于山顶或山腰，可方便沿线居民出入的新修施工便道，要求通过修整后保留。凡需保留的便道，施工单位在退场前对其进行修整，做好沿线环境绿化，经监理与业主验收后才可以退场；对部分位于谷底，土质较好且没有交通功能和需求的施工便道，在施工结束后尽量深翻，播种豆科牧草改土，两年后即可恢复为耕地。

在保宜高速襄阳段九标湖丘岭大桥桩基施工中，合理布设围堰、导流槽与沉淀池，从钻孔桩里抽出来的泥浆、废渣被抽到围堰里，工人用捞渣网将泥浆捞起并抽到箱子里，再通过汽车运送到指定的弃土场堆放，有效地保护了周围农田及河水不受污染。该做法也是保宜高速全线桥梁施工中普遍采取的环保施工方法。

设身处地为当地老百姓着想，及时解决村民排灌困难，保护当地群众利益，也是保宜高速环保施工的一贯做法。2012年3月，春耕生产在即，针对高速公路施工不可避免地给沿线农业灌溉设施及群众生活用水设施造成一定损坏的状况，保宜高速各标段提出了破解水系难题的多条措施，包括：对管网损坏的，采取措施及时修复，确保供水；对水源不足的，合理安排，科学调度，调剂用水；对浪费用水的，温馨提示，告知农户节约用水；对用水量大的，确保重点，加快施工，不误农时，按需放水；对水源破坏的，组织勘查，寻找水源，还建供水等。2013年3月，保宜高速襄阳段九标项目总工与环保部长在施工巡查时发现农田灌溉沟被淤泥堵塞，无法灌溉，就立即组织施工人员清理沟内的淤泥、杂物，并修筑好因雨水冲刷垮塌的沟渠，畅通了排水沟，确保了春耕灌溉用水。

4)树立环保施工典型

保宜指挥部对环保施工的典型实行重奖，充分发挥其引领示范作用。尚家湾隧道是环保施工的典范，项目位于襄阳段九标，由中铁十四局集团二公司负责承建(图2-16)。尚家湾隧道前临碧波荡漾的通城河，背依青山翠绿的尚家岭,全长3.8km,属于特长隧道,有建设周期长、资源消耗大、废弃物多等特点。为此,项目部提出“要像爱护眼睛一样保护东坡山和通城河”,坚持绿色施工、环保施工,制定了《隧道施工环境管理办法》,对隧道施工的环保技术指标和参建人员的职责进行了具体明确。尚家湾隧道环保施工的举措主要包括以下四方面:

一是保护坡面。在隧道明洞开挖时采用“零进洞”施工方法,减小刷坡面积,及时做好坡面防护。在边仰坡喷射混凝土防护时,在边缘位置用木板遮挡,防止水泥混凝土烧伤周边的花草树木。2013 年 3 月,项目部抓住播种季节,在隧道洞顶种植了 670m^2 的油麻藤植物,确保“眼睛”清亮。

二是就地取材,变废为宝,让小碎石产生大效益。为减少隧道弃渣对环境的影响,项目部利用隧道二级围岩的优势,在弃渣场建立了一条碎石加工生产线。既减少了弃渣占地的污染问题,又解决了项目沿线地材紧张的实际困难。据测算,碎石加工生产线为项目部节省建设成本 150 多万元。

三是污水多级沉淀,达标后排放。为防止隧道施工排水对通城河造成污染,项目部每 100m 修建一个沉淀池,共 5 个沉淀池,隧道污水经过多级沉淀,符合当地环保部门的排放标准,真正做到了“施工前青山绿水,施工后绿水青山”(图 2-17)。

图 2-16　保宜高速尚家湾隧道

图 2-17　保宜高速襄阳段九标施工区

四是改进凿岩钻机,加强洒水通风。采用改进后的气腿式凿岩机钻孔时,钻孔机头一个喷水眼、一个喷风眼同时喷向钻孔处,无灰尘扬起,减少粉尘污染。项目部在隧道内安装了 2 台 150kW 的通风机,24h 不间断通风,每日定期洒水 4 次,并给每位施工人员配发防尘口罩,有效防止了爆破施工、机械车辆运输、喷锚施工等在隧道内造成的空气污浊。此外,项目部还将隧道洞内所用灯具改为高效节能灯,比普通灯具节能近 35%,有效节省了电费开支。

第 3 章　项目管理专业化的研究与应用

3.1　项目管理专业化概述

3.1.1　项目管理专业化的定义与背景分析

1)高速公路建设项目管理专业化的定义

(1)项目

项目管理知识体系(Project Management Body of Knowledge,简称 PMBOK)中,项目被定义为:为创造独特的产品、服务或结果进行的一次性努力。项目是一次性、多任务的工作,具有明确规定的开始和结束日期、特定的工作范围、预算和要达到的特定性能水平。此定义包含三层含义:①项目是一项有待完成的任务,有特定的环境与要求;②在一定的组织机构内,利用有限资源(人力、物力、财力等),在规定的时间内完成任务;③任务要满足一定性能、质量、数量、技术指标等要求。

项目可以是一栋大楼、一座工厂或一座水坝,也可以是某个研究课题、各种类型的活动等,本书是指高速公路建设活动。高速公路建设项目具有唯一性和一次性特点,要求在一定期限内完成,不得超过一定费用,并有一定性能要求。

(2)工程项目与工程项目管理

工程项目指需要投入一定量的资本、实物资产,有预定的经济社会目标,在一定约束条件下经过研究决策和实施等一系列程序,从而形成固定资产的一次性事业。从管理角度看,工程项目应是在总体设计及总概算范围内,由一个或若干个互有联系的单项工程组成,建设中实行统一核算、统一管理的投资建设工程。

工程项目管理是指从事工程项目管理的企业或单位,受工程项目业主方委托,对工程建设全过程或分阶段进行专业化管理和服务的活动。自项目开始至项目完成,通过项目策划和项目控制,使项目的费用、进度、质量等目标得以实现。

一个工程项目往往由众多参与单位承担不同的建设任务,各参与单位的工作性质、工作任务和利益不同,因此形成了不同的建设工程项目管理类型,包括:业主方的项目管理(建设项目管理的核心,建设项目生产的总组织者)、设计方的项目管理、施工方的项目管理、供货方的项目管理等。其中,施工方的项目管理是以建设项目为对象,以施工图预算中标价为依据,以创优质工程为目标,以经济合同为纽带,以最终产品的最佳效益为目的,实行从项目开工到竣工验收、交付使用的一次性全过程施工生产经营管理。工程项目管理是对工程项目工期、质量、安全、成本、现场、综合效益进行高效率、有计划的组织协调和管理的一种现代项目管理制度,是根据具体工程项目的情况,按照建设工程施工管理规律、程序和方法,对工程项目组织施工,实行全过程管理的活动。

(3)高速公路建设项目管理专业化

在高速公路建设项目专业分工越来越明晰、技术要求越来越高的条件下,要实现对项目管理的投资控制、进度控制、质量控制和安全管理、合同管理、信息管理等要求,就需要具有高水平的专业化组织机构和专业化人才队伍,就需要根据项目建设规模和技术难易程度组建专业化的组织管理机构,就需要加强不同专业的技术人员和管理人员的合理配置。此外,近年来高速公路建设投资主体的多元化带来了管理模式的多类型,更是要求项目管理机构具有很强的资金筹措、综合协调、整体控制等能力。

基于此,本书认为高速公路建设项目管理专业化是指以高速公路建设项目为对象,根据项目的特点组建专业化的管理机构,对建设项目进行高效率的计划、组织、协调、控制等专业化的管理活动。

2)高速公路建设项目管理专业化的背景分析

我国对项目管理的系统研究和实践起步较晚,1984年利用世行贷款的鲁布革水电站项目是我国建设工程项目管理的开始,1988年开始推行建设工程监理制度,1995年推行施工企业项目经理负责制,2000年1月1日开始正式实施《中华人民共和国招标投标法》,2003年原建设部出台了《关于培育发展工程总承包和工程项目管理企业的指导意见》(建市〔2003〕30号),2004年印发了《建设工程项目管理试行办法》(建市〔2004〕200号),对工程项目管理企业的资质、服务范围、服务内容、委托方式等进行了详细规定和具体要求,规范了建设工程项目管理行为,促进了我国建设工程项目管理的健康发展。

2011年8月10日,交通运输部印发了《关于进一步加强公路项目建设单位管理的若干意见》(交公路发〔2011〕438号),这是在公路建设规模持续扩大、投融资和管理体制趋于多元化的新形势下,确保工程质量与安全、控制工程投资与合理工期的重要举措。该"意见"要求,建设单位应具备相应的管理能力和建设经验,按规定组建机构、配备人员,制定完善管理制度。高速公路项目或独立特大型桥梁、隧道项目的现场建设管理机构应设有计划、合同、技术、质量、安全等职能部门;现场管理人员的总人数根据项目建设规模和技术特点确定,其中工程技术人员应不少于管理人员总数的65%,具有中、高级以上专业技术职称的人员应占工程技术人员总数的70%以上,并对工程现场管理机构负责人、技术负责人、财务负责人及其他关键岗位人员的资格进行了明确。

2011年8月,在新疆乌鲁木齐召开的全国公路代建工作座谈会上,交通运输部冯正霖副部长强调,项目管理专业化是加快推行现代工程管理、实现"五化"管理要求的核心内容之一,要充分发挥公路代建和设计施工总承包的项目管理专业化优势。代建制具有市场化、专业化、合同化、职业化等显著特征,客观上提供了适合市场经济方式的项目管理专业化途径。在公路行业推行代建制,可以解决临时组建机构专业性不强、管理力量不足的矛盾,促进工程管理的专业化;从内在特性、管理模式和建设实践情况以及国际经验看,设计施工总承包也体现了项目管理专业化的本质要求,具有管理专业化要求高、高素质人才聚集、管理资源丰富、资源整合有效、保证投资控制等综合特性。

3.1.2 项目管理专业化的理论基础与重要意义

1)项目管理专业化的理论基础

项目管理学科将项目视为一个系统,诞生于20世纪40~50年代的系统论、控制论和信息论是其基本的方法论。系统论、控制论和信息论并称三论,其诞生以后又经历了长足的发展,如20世纪60~70年代出现的耗散结构论、协同论和突变论(并称新三论),以及70~80年代发展起来的混沌学、分形理论等非线性科学,都极大地丰富了人们对系统的认识。系统科学从诞生以来,研究对象从封闭系统逐渐发展到开放系统、从简单系统发展到复杂系统、从稳定系统发展到非稳定系统,人们对系统的特性和规律的认识也因此不断加深,这些变化也在现代项目管理中打下了烙印。

组织理论是项目管理的母学科,有关组织理论的研究秉承了系统科学的思想,将组织看作是一个系统,组织是一个由人所组成的有目的的系统。项目管理中项目也是一个系统,是一种以创造某种一次性、独特的产品为目标的工作。丁士昭教授将项目管理所遵循的组织理论的基本原则概括为:"目标决定组织,组织是目标实现的决定性因素"。由于项目管理鲜明的目标性,项目管理高度重视对组织机构的选择,组织机构决定组织行为。

古典经济学理论中,亚当·斯密提出分工是国民财富增进的源泉,并且分工带来专业化,专业化导致技术的进步。专业化概念最初出现在经济学中产品生产领域,随着社会的发展,建设领域在技术方面向专业化发展,形成设计专业化和施工专业化,项目管理也向专业化发展。因此,项目管理专业化是工程技术和分工协作发展到一定阶段产生的,是项目管理的新发展。

2)项目管理专业化的重要意义

(1)确保工程质量与安全的需要

质量与安全是工程建设永恒的主题。高速公路项目建设单位承担工程的组织、协调和管理职责,处在建设项目管理的中心枢纽位置,其管理能力、眼界视野和质量安全意识决定着工程的建设质量与安全水平。提高高速公路项目建设单位的能力与素质,推行建设单位高标准和严要求的建设管理,对提升工程内在品质与耐久性,确保工程质量与安全具有重要的保障作用。

(2)控制工程投资与确保建设工期的需要

控制工程造价、降低建设成本,保证在合同工期内完成建设任务是项目管理的重要内容,提升高速公路建设项目管理专业化的水平和能力,保证勘察设计工作深度,落实各参建单位有效投入,明确建设各方责权利关系,有利于控制工程造价,减少设计变更,确保合理建设工期,发挥工程投资最大效益。

(3)规范建设市场行为的需要

建立市场诚信体系,规范市场行为,引导从业单位和人员自觉遵章守纪,是高速公路建设市场管理的重要内容。高速公路项目建设单位作为工程合同的管理者和执行者,在落实建设单位合同义务,促进参建各方信守合同,提高市场履约水平等方面承担着重要职责。落实高速公路项目建设单位合同管理职责,严格合同执行,对于促进高速公路建设市场信用体系建设,建立规范、诚信的市场秩序,具有重要的推动作用。

(4)建设廉政工程的需要

开展高速公路建设领域专项治理工作,建立健全防治建设领域商业贿赂的长效机制,是当前高速公路建设管理的一项重要工作。高速公路项目建设单位通过加强制度建设,完善工作机制,强化工程和人员的管理,从体制和机制上堵塞管理漏洞,有利于加快构建预防和惩治腐败体系,建设廉政工程,提高行业形象。

3.2 项目管理专业化在高速公路建设中的重要内容

组织机构决定组织行为,项目管理制度是项目管理的依据,项目管理团队是项目的组织者、协调者和集成者,他们具备的专业技能素质,对工程质量优劣标准的把握和项目建设目标的认定,决定了建设项目的最终成果。项目管理机构、项目管理制度、项目管理团队是高速公路建设项目管理专业化的重要内容,本节将对这三项内容进行阐述和探讨。

3.2.1 项目管理机构

高速公路项目建设单位是指承担工程建设管理职责的项目法人,及其派驻工程现场指挥、协调、管理各参建单位完成工程建设任务的管理机构(指挥部、项目办、管理处等)。建设单位履行建设管理职责,应具备相应的管理能力和建设经验,实现工程建设管理的科学决策、集中指挥和高效运转。

按精简、统一、高效的原则,建设单位根据项目建设规模组建项目管理机构,一般应设有计划、合同、技术、质量、安全、财务、纪检等职能部门,也可根据建设规模,对相关部门进行合并设立和调整。组织机构的类型有直线制、职能制、直线职能制、矩阵制等,为适应高速公路建设管理特点、提高管理工作效率,高速公路项目管理机构一般以直线制或直线职能制为主。

高速公路建设单位的职责一般包括:

(1)认真贯彻国家关于基本建设的方针、政策、法律、法规,贯彻落实工程建设的总方针和各项具体措施,确保建设总目标的顺利实现。

(2)严格履行基本建设程序,制订项目总体方案,控制投资规模。

(3)负责项目组织管理和指挥调度,保证工程按期、安全、优质、环保建成。

(4)负责征地拆迁和建设协调工作,为工程建设顺利进行创造良好内外部环境。

(5)严格执行国家财经纪律和财务制度,筹集建设资金,抓好资金调度和财务管理。

(6)勤政廉政,保持良好的工作作风,遵守各项管理规定。

3.2.2 项目管理制度

高速公路建设项目管理制度是保证项目管理工作程序化、规范化、法制化和科学化的基本条件，是项目管理的重要依据。主要包括：①相关的法律、法规、规章与政策；②具体技术标准与规范；③各类管理机构制定的工作章程或管理制度等。以下以工程质量试验检测管理为例，阐述高速公路建设项目管理制度。

1）试验检测人员配备

（1）总监办工地试验室

独立特大桥、建安费用在 50 亿元以内的高速公路建设项目，应配备不少于 10 名持证试验检测人员，其中持试验检测工程师证书的不少于 3 名。建安费超过 50 亿元的高速公路建设项目，每增加 15 亿元应增加 1 名持证人员。

（2）驻地办工地试验室

受监工程建安费用在 15 亿元以内的，工地试验室应配备不少于 6 名持证试验检测人员，其中持试验检测工程师证书的不少于 2 名。受监工程建安费用每增加 2.5 亿元宜增加 1 名持证检测人员。

（3）施工单位工地试验室

一期土建工程、建安工程费用在 2.5 亿元以内的，应配备不少于 8 名持证试验检测人员，其中持试验检测工程师证书的不少于 2 名。建安工程费用每增加 1 亿元应增加 1 名持证检测人员。二期路面工程、建安工程费用在 3.0 亿元以内的，应配备不少于 8 名持证试验检测人员，其中持试验检测工程师证书的不少于 2 名。建安工程费用每增加 1 亿元应增加 1 名持证检测人员。

2）试验检测设备配置

（1）设备配置应满足招标文件要求，符合投标文件承诺。

（2）设备配置应能够适应工程内容及规模相关要求。使用频率高的设备应按能满足基本周转要求的原则配置多台。

（3）设备精度、量程等技术指标应满足试验规程相关要求。

（4）试验室应配备必要的试验辅助器具及工具。

（5）试验室应至少配备 1 辆专用汽车。

（6）试验室应配置必要的计算机、打印机、复印机、扫描仪等办公设备，并具备网络通信条件。

3）试验室环境管理

（1）试验室产生的废水、废气、废渣应保证安全排放。试验废水必须经沉淀后方能排放，化学废液应进行中和、消毒处理后方能排放，严禁直接排放。试验固体废弃物应集中存放，定期清理到指定位置，不得随处摆放、随意丢弃。

（2）试验室环境条件应明确责任人进行日常维护。

（3）检测人员对检测环境应按要求进行监测并形成记录。

（4）试验室应经常性对灭火器等消防设备进行检查。

4）试验检测工作管理

（1）工地试验室应根据项目工程内容及授权参数收集齐全相关规程、规范、标准。工地试验室对收集到的标准应进行管控，并定期建立本试验室的标准清单。

（2）若规程、规范及标准过期作废，试验室应及时取得最新有效版本进行更换，同时书面通知试验室人员和相关部门停止使用，并在本试验室标准清单及过期规范上标注“作废”字样。

3.2.3 项目管理团队

1）人员配置

（1）总人数：视工程项目建设规模和专业技术要求确定，其中工程技术人员应不少于管理人员总数的65%，具有中、高级以上专业技术职称的人员应占工程技术人员总数的70%以上。根据投资总额，确定技术和管理人员的数量，具体见表3-1。

项目管理技术和管理人员总人数要求 表3-1

投资总额 N（亿元）	$N \leq 30$	$30 < N \leq 50$	$50 < N \leq 100$	$100 < N \leq 150$	$150 < N \leq 200$	$N > 200$
总人数	20	30	40	50	60	70

（2）人员资格：管理机构负责人及其关键岗位人员应具有良好的社会信用和职业道德，具备相应工程组织管理能力，严格执行国家有关法律和规定，熟悉、掌握公路建设规章、政策。其中：

①建设单位负责人应具有中级以上专业技术职称，具有在2个及以上新建、改扩建高速公路和独立特大型桥梁、隧道项目从事建设管理的经历。

②技术负责人应具有高级及以上专业技术职称，具有在2个及以上新建、改扩建高速公路和独立特大桥梁、隧道项目从事技术管理的经历。

③财务负责人应具有中级及以上职称,具有在1个及以上新建、改扩建高速公路和独立特大型桥梁、隧道项目从事财务管理的经历。

④技术、质量、计划、合同、安全部门负责人应具有中级专业技术职称,且应具有在1个及以上高速公路项目从事建设管理的经历。

2)项目法人

推行现代工程管理,应高度重视项目法人问题。项目法人的地位、在工程建设管理中的作用,决定了没有好的项目法人,就不可能有好的工程管理。项目法人承担着建设项目的实施和管理职责,集中体现了工程建设管理的综合素质和业务能力,处在建设项目实施的中心枢纽位置上。世行专家曾说,只有高明的业主,才能拥有高明的施工企业和咨询公司。工程建设的质量和水平很大程度上取决于项目法人的要求,取决于项目法人所具备的视野和管理能力。只有项目法人的眼界高、标准高、管理水平高、质量安全意识强,才能组织建成高质量、高水平的建设项目。只有项目法人严于律己、公正廉洁,才能实现阳光操作、公开透明。

加强项目法人管理,必须"把好三个关口发挥一个优势",即一要把好准入关,保证项目管理的专业性;二要把好制度关,推进规范化管理;三要把好考核关,落实好建设管理责任;四要充分发挥专业团队的专业优势。

3)项目代建制

项目代建制起源于美国的CM项目管理模式,即Construction Manager,简称CM制。CM制是业主委托称为建设经理的人来负责整个工程项目的管理,包括可行性研究、设计、采购、施工、竣工试运行等工作,但不承包工程费用。采用CM制进行项目管理,关键在于选择建设经理。一般来说,精通管理、商务、法律、设计、施工等知识和技能,并具有丰富经验和良好信誉,是一名优秀建设经理所必须具备的素质。

在高速公路建设中,由于投资主体的多元化,建设管理模式也存在着多样性,存在社会投资主体组建管理公司或聘请代建单位管理的代建制模式。高速公路建设项目业主通过"代建制"方式获得专业的项目建设经理,对高速公路建设项目进行专业化的规范管理。因此,"代建制"是控制建设规模、建设工期和建设投资行之有效的管理方法。代建制符合市场规律,是对项目法人制一种补充的管理模式。

在高速公路建设行业推行代建制,可以解决临时组建机构专业性不强、管理力量不足的矛盾,促进工程管理的专业化;有利于积累建设经验,防止项目管理断档和管理制度缺失或不落实,传承建设管理经验;可以聚拢人才,有效解决人才闲置和资源浪费问题,保证项目部经理素质;有利于投资人加强控制,有效监管,最大限度保护公众利益。对自身不具备管理能力的建设项目,应鼓励采取代建制模式,为发展我国专业化项目管理公司创造条件和环境,实行专业化代建管理,充分利用和整合优势资源,促进建设项目管理步入现代工程管理轨道。

3.3 项目管理专业化在保宜高速公路建设中的实践

3.3.1 项目管理机构

保宜高速根据项目建设管理实际组建了项目管理机构,制定了建设大纲,明确了管理理念、总体目标,制定了各部门工作职责,细化了工作分工、管理流程。保宜指挥部下设"七处一室",即综合办公室、质量管理处、技术管理处、安全管理处、计划合同处、征迁协调处、机务材料处、财务管理处,按直线制结构进行组织,如图 3-1 所示。

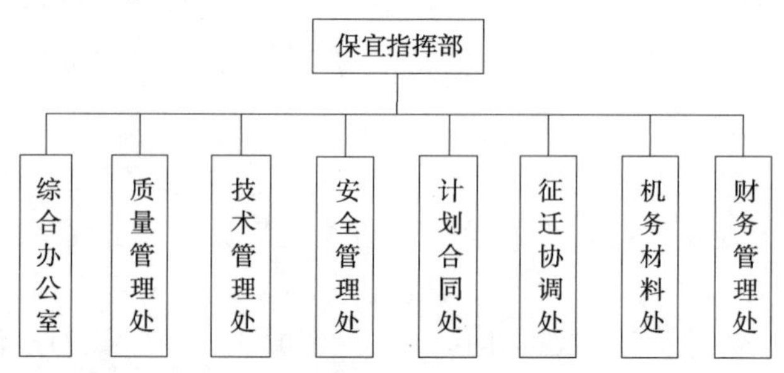

图 3-1 保宜指挥部组织机构

保宜指挥部各处室的主要职责如下:

1)综合办公室职责

(1)宣传、贯彻和执行国家、交通运输部和湖北省交通运输厅有关工程建设的法律、法规、规范和标准。

(2)负责文件的收发、督办、文印和档案的管理工作。

(3)负责综合性文件、文稿、工作报告等材料的起草工作。

(4)负责指挥部各类综合性会议和大型活动的组织筹备工作。

(5)负责检查和督办指挥部作出的决定、决议和布置的各项工作任务的执行情况。

(6)负责政策调研、宣传报道和精神文明建设工作,维护管理网站信息。

(7)负责对上级有关部门的联系、接待及内部各部门的协调工作。

(8)负责党团工会、劳动人事、纪检监察日常工作。

(9)负责指挥部综合治理、安全保密和法律咨询工作。

(10)负责指挥部后勤保障、车辆管理及行政办公用品的采购管理工作。

2)质量管理处职责

(1)宣传、贯彻和执行国家、交通运输部和湖北省交通运输厅有关工程建设质量管理的法律、法规、规范和标准。

(2)建立健全项目质量保证体系,管理和指导各级工地试验室做好各项试验检测工作,并督促、检查各级质量保证机构正常开展工作,确保项目质量目标的实现。

(3)依法依规制定项目建设中关于工程质量方面的管理制度和规定,并组织检查落实。

(4)制订项目监理计划,建立和规范全线工程监理制度及其运作程序,全面负责监督和指导各级监理机构开展正常有序的监理工作。

(5)负责项目施工过程中现场质量的巡查工作,组织对质量事故的调查和处理工作,协调和仲裁有关质量方面的争议。

(6)参与对全线各标段施工组织设计和开工报告的审查,组织对施工、监理单位的进场验收,审查工程计量支付中的质量报表。

(7)定期开展全线质量方面的大检查,组织大型现场学习、观摩活动,负责对各监理、施工单位的年度考评及信誉评价工作。

(8)规范全线工程内业资料管理,组织和参与项目交工和竣工验收工作。

3)技术管理处职责

(1)贯彻执行国家、交通运输部公路工程技术规范、技术标准及湖北省有关公路建设管理条例和规定。

(2)组织相关设计文件审查、发放、设计技术交底和设计答疑,并对设计、咨询单位履约情况进行管理。

(3)组织对设计变更方案进行审查、评估和比选,负责设计变更管理。

(4)负责项目科研课题的管理工作,组织科技攻关和关键技术试验。

(5)负责施工组织设计和重大施工方案的审查。

(6)负责新技术、新工艺、新材料和新设备的技术论证及推广应用。

(7)组织开展全线有关技术交流和技术培训活动。

(8)参与工程质量事故的调查、分析,组织制订技术处理方案。

(9)负责组织全线环保、水保方案审查、实施及验收工作。

(10)负责全线设计和技术文件资料的收集、整理和归档工作,参与交工、竣工文件的审查。

(11)负责组织施工、监理标准化建设工作。

4)安全管理处职责

(1)宣传、贯彻和执行国家、交通运输部和湖北省交通运输厅有关工程建设安全管理的法律、法规、规范和标准。

(2)建立健全项目安全保证体系,督促、检查各级安全保证机构正常开展工作,确保项目安全目标的实现。

(3)依法依规制定项目建设中关于安全生产、文明施工方面的管理制度和规定,并组织检查落实。

(4)负责项目建设过程中的安全巡查工作,组织对安全事故的调查和处理工作。

(5)组织对安全专项方案的专家审查,督促检查施工单位现场执行情况。

(6)定期开展全线安全、文明施工方面的大检查,组织安全、文明施工方面的大型学习、观摩活动。

5)计划合同处职责

(1)贯彻执行国家、交通运输部公路工程技术规范、技术标准及湖北省有关公路建设管理条例和规定。

(2)负责全线与工程有关的所有招投标管理工作。

(3)负责全线合同编制、审定,并监督执行。

(4)负责组织全线施工进场验收,审查各合同段开工报告。

(5)负责审查和办理工程计量与结算工作。

(6)审查工程项目的单价及变更的费用,下达工程变更令;审查工程延期、索赔、分包及承包商、驻地办违约等事项。

(7)负责编制、审查、监督工程总体进度计划及月度计划、季度计划、年度计划。

(8)定期向上级部门报送所要求的工程统计报表,并发布进度报告。

(9)协助完成交工、竣工验收的相关工作。

(10)负责本部门业务范围内相关文件、资料的收集整理，并分类存档备查，参与交工、竣工文件的审查。

6)征迁协调处职责

(1)宣传、贯彻、执行国家和湖北省有关征迁的法规、政策和标准。

(2)负责组织征地拆迁调查、宣传动员、方案拟定和实施情况的检查、指导、督办工作。

(3)负责征迁资金的计划管理和核定拨付，与有关部门共同监督征迁资金的使用管理。

(4)负责协调并配合国土、林业、文物、环保、水利、公安等部门办理建设征地、林木砍伐等相关手续的报批。

(5)负责督促各级协调机构按计划做好征地拆迁、安置工作。

(6)负责组织各级协调机构做好施工单位进场前和施工过程中的协调工作。

(7)负责相关文件、资料的收集、整理和存档，参与交工、竣工文件的审查。

(8)负责全线社会治安和综合治理工作。

7)机务材料处职责

(1)贯彻执行国家、交通运输部公路工程技术规范、技术标准及湖北省有关公路建设管理条例和规定。

(2)负责材料设备供应的宏观管理、质量监督与协调，编制材料设备供应的总体计划。

(3)负责工程主要材料和设备的招投标工作。

(4)及时向供应商发布材料设备的需求信息，参与主要材料和设备的现场管理工作。

(5)做好材料设备供应的报表统计工作，随时掌握材料设备供应计划的执行情况，保证工程建设需要。

(6)协调工程承包人与供货商之间的供需关系，组织审核批准材料预付款的拨付工作，监督和协调材料设备供应中的财务结算工作。

(7)负责相关文件、资料的收集、整理和存档工作，参与交工、竣工文件的审查。

8)财务管理处职责

(1)贯彻执行国家及湖北省有关公路建设资金管理条例和规定。

(2)负责项目建设资金的财务管理、审计以及资金调度工作。

(3)负责指导、监督各参建单位及地方协调机构的有关财务工作。

(4)负责各项资产的核算及管理。

(5)负责定期编制财务报告和财务收支计划,提供财务分析报告。

(6)配合有关部门做好财务检查和审计工作。

(7)负责相关文件、资料的收集、整理及存档工作,参与交工、竣工文件的审查。

3.3.2 项目管理制度

1)保宜高速公路建设项目管理制度

为了提升项目管理的专业化水平,加强建设管理工作的规范化与科学化,保宜指挥部建立了完整的管理制度体系,制定了人员管理、质量管理、技术管理、安全管理、综合管理等八大类50多项制度,实现建设管理制度全覆盖。具体制度如表3-2所示。

保宜高速公路建设管理制度 表3-2

类别	名称	序号	具体制度
Ⅰ	人员管理	1	《施工队伍管理制度》
		2	《监理人员管理制度》
		3	《分包与劳务用工制度》
		4	《岗位责任制度》
Ⅱ	质量管理	5	《工程质量管理制度》
		6	《隐蔽工程检查制度》
		7	《工程检测管理制度》
		8	《质量检查、申报、签认制度》
		9	《质量事故报告和调查处理制度》
		10	《工程质量试验制度》
		11	《质量回访保修制度》

续上表

类　别	名　　称	序　号	具 体 制 度
Ⅲ	技术管理	12	《科技创新工作管理制度》
		13	《变更设计管理制度》
		14	《工程测量制度》
		15	《施工图现场核对制度》
		16	《施工技术交底制度》
		17	《编制作业指导书制度》
		18	《专项施工方案及专家论证、审查制度》
		19	《环境环保与水土保持制度》
		20	《基础技术资料管理制度》
Ⅳ	安全管理	21	《安全生产责任制度》
		22	《安全生产教育培训制度》
		23	《安全检查考核制度》
		24	《危险岗位的操作规程和书面告知制度》
		25	《意外伤害保险制度》
		26	《应急救援制度》
		27	《既有线改造拓宽施工安全制度》
		28	《安全事故报告制度》
		29	《涉及既有公路、铁路、航道的施工安全制度》
		30	《文明施工制度》
		31	《爆炸、压力容器、危险化学品、消防和车辆管理制度》
Ⅴ	工程管理	32	《计划、统计与进度管理制度》
		33	《材料、设备招标采购管理制度》
		34	《合同管理制度》
		35	《施工计划管理制度》
		36	《材料、设备、构配件进场检验及存储管理制度》
		37	《施工机械与设备管理制度》
		38	《项目例会与施工日志制度》
		39	《成品保护制度》
		40	《开工报告申请制度》

续上表

类别	名称	序号	具体制度
Ⅵ	财务管理	41	《工程费用变更管理制度》
		42	《验工计价管理制度》
		43	《成本核算管理制度》
		44	《计量支付管理制度》
Ⅶ	征迁管理	45	《征迁资金使用管理制度》
		46	《征迁工作管理制度》
		47	《动迁补偿管理制度》
		48	《征迁协调管理制度》
		49	《征迁考核验收管理制度》
Ⅷ	综合管理	50	《“职工之家”管理制度》
		51	《车辆使用管理制度》
		52	《食堂管理制度》
		53	《工会慰问制度》
		54	《分配与奖励管理制度》
		55	《信息管理制度》
		56	《文物保护制度》
		57	《档案管理制度》
		58	《宣传与保密制度》
		59	《廉政管理制度》

保宜高速公路健全完备的建设管理制度，为项目顺利实施奠定了良好的制度基础，做到了事事有依据、项项有规定。

2）保宜高速公路项目管理制度建设

以安全生产制度为例，阐述保宜高速公路项目管理制度建设情况。保宜高速公路建设安全生产制度主要包括：检查制度、例会制度、技术交底制度、教育培训制度、违规处罚实施细则等。

（1）保宜高速公路建设安全生产检查制度

安全生产工作遵循建设单位主导、监理单位（驻地办）督促、施工单位全面负责、政府主管部门监管的原则。各参建单位自觉接受政府主管部门的安全生产监督，接受上级有关单位的安全生产检查工作，接受指挥部、监理单位（驻地办）的日常监管。

对被检查单位实行事前通知或不通知的检查、安全生产专项检查或综合性检查、指挥部组织的交叉检查或会同有关部门联合检查等多种形式的检查。具体包括：经常性安全生产检查、定期安全生产检查、季节性及节假日安全生产检查、专项安全生产检查、综合性安全生产检查等。

(2)保宜高速公路建设安全生产例会制度

保宜指挥部安全生产领导小组每季度召开一次安全生产工作会议。会议主要内容有：学习传达上级有关文件精神；总结上一季度的安全生产情况；研究、协调、解决安全施工和危险源监控的具体问题；检查本项目安全施工目标计划和安全技术措施实施情况；提出下一阶段的安全工作要求等。

监理单位(驻地办)每月召开一次安全生产工作例会。会议主要内容有：学习传达上级有关文件精神；讨论研究各施工单位安全技术措施落实情况；通报日常监理过程中发现的施工安全隐患；提出下阶段施工安全管理控制重点和改进、预控措施；各监理组及工作人员应注意的事项和安全管理要求等。

施工单位应根据生产需要，召开多种形式的安全生产例会。如日例会、周例会、旬例会、月例会等。会议主要内容有：学习传达上级有关文件精神；制订安全生产计划；通报安全考核情况、隐患排查结果和制订整改措施；完善本单位危险源的预控监控系统；落实安全生产责任和安全技术措施；总结安全管理工作的经验和教训；布置日常性安全管理工作等。

除安全生产例会外，保宜高速还经常召开安全生产专题会议。图3-2为2013年5月保宜高速襄阳段九标举行的“安全生产月”活动专题会；图3-3为2013年7月保宜高速襄阳段二标召开的夏季安全生产专题会。

图3-2　保宜“安全生产月”活动专题会

图3-3　保宜高速夏季安全生产专题会

(3)保宜高速公路建设安全生产技术交底制度

安全生产技术交底制度是指每项工程实施前，施工单位负责项目管理的技术人员对有关安全施工的技术要求向施工作业班组、作业人员详细说明，并由双方签字确认的制度。

项目技术负责人、相关技术人员及专职安全管理人员向各工区长进行书面安全技术交底,交底的内容有:分部、分项安全技术要求;危险源的控制;工作场所的安全防护设施;安全操作规程;现场安全标准化管理的一般要求、安全注意事项等。

各工区长向施工队长或班组长进行书面安全技术交底,交底的内容有:分部、分项工程施工安全技术措施、注意事项;安全技术操作规程;特殊工种的作业;设备的安拆与使用,安全防护设施的搭设;工程施工中可能存在的不安全因素以及防范措施等。

施工队长或班组长应根据安全交底要求,对操作工人进行班前作业安全交底,操作人员必须严格执行安全交底的要求。交底内容有:本工种安全操作规程;现场作业环境要求本工种操作的注意事项;两个以上工种配合作业的注意事项;工程施工中可能存在的不安全因素以及个人防范、防护措施等。

图 3-4 保宜高速项目部施工安全教育及技术交底会

安全技术交底后,项目技术负责人、安全管理人员、班组长等应对安全技术交底的落实情况进行检查和监督,督促操作人员严格按照安全技术交底要求施工,制止违章作业现象发生。图 3-4 为 2014 年 2 月保宜高速襄阳段二标举行的项目部施工安全教育及技术交底会。

(4)保宜高速公路建设安全生产教育培训制度

为认真贯彻“安全第一、预防为主、综合治理”的安全生产方针,实现安全生产和文明生产,提高员工安全意识和安全素质,防止产生不安全行为,减少人为失误,根据《中华人民共和国安全生产法》、国家安全生产监督管理总局《生产经营单位安全培训规定》等法律、法规要求,结合项目实际,保宜指挥部制定了安全生产教育培训制度。内容包括安全生产教育培训的组织实施、形式、方法、对象、内容、档案管理及监督管理等。

按照安全生产教育培训制度,保宜高速开展了形式多样、内容丰富的安全生产教育培训活动。图 3-5 为 2013 年 8 月保宜高速襄阳段举办的安全员培训会,图3-6为 2014 年 3 月保宜高速宜昌段路面一标举行的安全生产教育培训会。

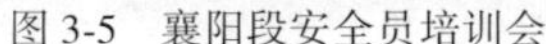

图 3-5　襄阳段安全员培训会

图 3-6　宜昌段安全生产教育培训会

3.3.3　项目管理团队

保宜指挥部根据项目建设规模和技术特点组建了专业化的项目管理团队，技术人员和管理人员配置合理，人员数量、技术职称、专业分布等符合交通运输部《关于进一步加强公路项目建设单位管理的若干意见》(交公路发〔2011〕438号)的相关要求。保宜指挥部的主要领导和业务骨干参与了湖北京珠、湖北沪蓉西、湖北杭瑞、湖北宜巴等高速公路的建设管理工作，积累、传承了较为丰富的建设管理经验。

保宜指挥部秉承创新、严谨、卓越、廉政的建设理念，团结拼搏、锐意进取、砥砺奋进、重点突围，在建设资金筹措、综合协调管理等方面做了大量工作，确保了项目建设平稳、顺利、有序推进。

1) 建设资金筹措

保宜高速公路 2011 年开工建设，受国际、国内大环境影响，国家加强宏观调控，实施稳健的货币政策。在国家银根紧缩的严峻形势下，建设资金筹措异常艰难，严重制约了施工全面展开与顺利进行。面对困境，保宜指挥部攻坚破冰、集中精力抓融资，把融资任务作为 2012 年上半年工作的重中之重，千方百计、千辛万苦加大资金筹措力度，解决资金难题。具体举措包括：

(1) 紧紧依靠上级主管部门。保宜高速是湖北省交通投资有限公司(以下简称"省交投公司")第一条自建自管的公路，保宜指挥部协调、争取省交投公司和银行建立融资平台，争取贷款。省交投公司充分发挥省级交通建设筹融资平台作用，在资本运作上频出新招。2012 年 5 月，省交投公司在中国建设银行申报的 207 亿元授信额度获得总行批复，授信有效期 2 年，包括固定资产贷款额度 190 亿元和流动资产贷款额度 17 亿元；2012 年 9 月，省交投公司与国家开发银行签署了《“重大项目建设年”开发性金融合作备忘录》、《120亿元中期票据发行承销合作备忘录》等多个合作协议。贷款到位，省交投公司对保宜项目建设资金予以了重点保障。

(2)保持与金融部门良好的合作关系。充分利用银行授信，采取多种方式贷款，组建保宜项目银团。湖北省建设银行、国家开发银行、中国银行、招商银行等承诺对保宜高速进行贷款，各家银行认购额度之和超过保宜高速公路的实际贷款需求额度。

(3)强化资金监控。认真编制部门预算，实施预算管理制度，努力将成本费用控制在投资概预算范围内；加强内部财务管理，及时有效监管各参建单位的资金支出情况，确保项目资金安全；利用咨询、计划、审计平台，开展保宜高速项目建设资金全过程跟踪审计，从源头上加强监管。

(4)科学调度资金，分出轻重缓急，把有限的资金用在刀刃上。保宜指挥部积极与湖北省交投商贸物流公司磋商，就主材实行集中采购供应管理达成共识，省交投商贸公司发挥集约管理优势，以优惠的价格、合格的质量供应保宜项目所需主材，也有效缓解了保宜高速的资金压力。

自2012年下半年以来，保宜项目资金到位及时，使参建单位彻底消除了等待观望的徘徊心理，彻底消除了资金断链的彷徨心理，抓住机遇，迎难而上，掀起了项目建设的新高潮。

2)综合协调管理

在高速公路建设管理过程中，存在大量的协调管理工作。如建设用地、征地拆迁、移民安置、“三杆”(通信、广电、电力杆线)迁移、“三改”(改路、改渠、改河)实施、施工用电、施工用水、民爆器材供应与炮损协调、平安工地创建等。保宜高速协调管理方面的主要做法包括：

(1)紧紧依靠当地各级党委、政府以及沿线广大人民群众。保宜高速公路沿线各级党委、政府大力支持项目建设。例如，宜昌市人民政府对保宜高速公路建设高度重视，像对待招商引资项目一样支持工程建设，全力做好服务，从大局出发，真心服务工程建设，竭尽全力解决实际问题。如关于“三杆”迁移，明确涉电问题由宜昌供电公司总负责，尽快落实；关于施工用电，要求电力部门用一事一议、急事急办、特事特办的办法，在用电报装、制订方案时给予支持和优惠，确保满足施工需求；关于民爆物品的管理，要求公安、物价部门制订措施，统一供应模式、价格标准，做到保障供应、价格优惠。为了切实维护社会治安，要求宜昌市公安局实行专人贴近服务，每月进行一次集中办公，及时发现和解决工程建设中的各种矛盾纠纷，创造良好的施工环境。图 3-7 为保宜高速公路宜昌段协调工作会。

又如，襄阳市人民政府全力提供组织保障，创造一流环境，用保姆式服务支持保宜高速公路建设，在“三杆”迁移、施工用电、征地拆迁等方面切实提供有力保障和鼎力支持，确保项目建设顺利推进。图 3-8 为保宜高速公路襄阳段“三杆”迁改协调会。

图 3-7　保宜高速宜昌段协调工作会

图 3-8　保宜高速襄阳段“三杆”迁改协调会

此外，保宜高速充分利用广播、电视、报纸、网络、横幅标语等，宣传、报道保宜高速公路建设的相关情况，争取沿线广大人民群众对项目建设的支持。

(2) 充分依靠当地协调指挥部门。保宜高速沿线各协调指挥部门为项目建设做了大量具体、细致的工作。例如，保宜高速公路宜昌市协调指挥部成立后，先后与宜昌市发改委、经信委、公安、土地、林业、水利、电力等部门建立了经常性的沟通联系平台和良好的协调关系，对项目建设顺利推进发挥了重要作用。“三杆”迁移是项目建设的难点之一，宜昌市协调指挥部工作人员多次到电力、电信、联通等部门介绍保宜高速的建设情况，宣传项目对宜昌市经济发展的意义，扎实耐心的工作作风感动了相关协作单位。电力部门表示一定全力配合，绝不拖工程建设后腿，在全市新建项目多、农网改造、用电施工繁重等多重压力下，为及时完成“三杆”迁移任务，宜昌市供电部门在施工力量不足的情况下，不惜高价聘请外部力量支援。2012 年春节前后宜昌市供电公司三次赴武汉申报和落实停电计划，确保了相关电线杆及时迁移。

又如，襄阳市南漳县协调指挥部排除万难保建设。为落实保宜指挥部的统一拆迁部署，在 45 日内完成全县的放线挖沟、实物调查工作，该县协调指挥部超前准备，细化目标，顶烈日、冒风雨，高负荷、高效率，严格做好放红线、挖边沟、埋界桩、查实物等工作。累计放线 38.8km，其中挖沟 25.6km，砍山 13.2km，埋桩 928 根；入户调查 21 户，正屋 87 间，杂屋 108 间，各类零星果木 556 根，水井29处,水管1735m,涉及田土、林地补偿及房屋拆迁250余户近1000人。做到了“四到位”:宣传发动培训到位、各级协调部署到位、工作专班组织到位、按照标准实施到位;唱好了“四步曲”:翻山越岭放好线、坚持标准挖好沟、永久牢固埋界桩、认真细致调查好。为随后的征地拆迁工作打下了坚实基础。

(3)加强与沿线相关部门的联系沟通。保宜指挥部加强与沿线电力、电信、移动、国土、公安、林业、水利、安监、环保等部门的联系沟通,争取各部门的支持与配合。例如,保宜高速襄阳段八标开工建设以来,面临35kV、10kV及低压线路改造迁移和电力配套设施改造等困难,为解决建设过程中急需的施工临时电源建设、高低压电线杆的搬迁、电力设施的保护和隧道施工用电等问题,保康县店垭镇供电所派专人负责襄阳段八标的协调工作,根据现场实际,供电所制订了配套设施建设及线路迁移方案,并多次与襄阳段八标项目部联系,现场协商杆线迁移存在的具体问题。店垭镇供电所高效率的工作和积极的服务,有效保证了施工用电,为襄阳段八标提供了强劲保障。图3-9为2013年11月7日襄阳段八标为店垭镇供电所送锦旗。

又如,为构建和谐、文明、健康、平安的保宜建设环境,在保宜指挥部的总协调下,保宜高速沿线各乡镇派出所与各项目管理部签订了平安工区创建责任书,为项目建设保驾护航。南漳县巡检镇派出所与襄阳段十标项目部对接,在警力不足的情况下,派出专人负责项目综合治理工作,警企共建“平安工地”。在巡检镇派出所的大力支持下,襄阳段十标进场一年多时间以来,未发生一例治安或刑事案件,对项目建设起到了保驾护航作用。图3-10为2013年11月5日襄阳段十标为巡检镇派出所送锦旗。

图3-9　襄阳段八标为供电所送锦旗

图3-10　襄阳段十标为派出所送锦旗

第 4 章　工程施工标准化的研究与应用

4.1　工程施工标准化概述

4.1.1　工程施工标准化的定义与背景分析

1) 工程施工标准化的定义

国际标准化组织(International Organization for Standardization, ISO)将标准化定义为“标准化是对实际与潜在问题作出统一规定,供共同和重复使用,以在相关领域内获得最佳秩序的效益活动,其中标准化活动由制定、发布和实施标准所构成。”

国家标准《标准化工作指南　第 1 部分:标准化和相关活动的通用词汇》(GB/T 20000.1—2002)中对标准化的定义是:为了在一定范围内获得最佳秩序,对现实问题或潜在问题制定共同使用和重复使用的条款的活动。所加的注释是:①上述活动主要是包括制定、发布及实施标准的过程;②标准化的重要意义是改进产品、过程和服务的适用性,防止贸易壁垒,并促进技术合作。

标准化管理是指在管理实践中,通过制定和实施统一标准以获得最佳管理秩序和管理效益。据此可知,高速公路建设标准化管理是指在高速公路建设管理实践中,通过制定和实施统一标准,以获得最佳管理秩序和管理效益;工程施工标准化是指在工程施工过程中,通过对工程施工的各个环节、各项内容制定和实施统一标准,以获得最佳的建设品质与建设效益。其中,标准制定是基础,标准贯彻是核心。

2) 工程施工标准化的背景分析

(1) 高速公路建设对施工标准化的需求

我国高速公路建设成就巨大,建设和管理水平不断提高,但与发达国家相比仍存在诸多不足,主要表现在:高速公路建设质量与安全存在隐忧;先进的工艺工法和管理经验等知识积累和推广力度不够;建设管理人员素质参差不齐,存在有章不循和有法不依等管理的随意性;现行管理手段、管理模式与现代高速公路建设管理要求相比尚有差距。推行工程施工标准化,是保证质量与安全、全面提升高速公路建设品质、提高建设管理水平最行之有效的措施。

(2)高速公路施工标准化活动的相关政策要求

为加快推行现代工程管理,促进工程施工管理的标准化、规范化、精细化,确保工程质量和安全,交通运输部开展了高速公路施工标准化活动,于2011年2月下发了《关于开展高速公路施工标准化活动的通知》(交公路发〔2011〕70号),要求新开工高速公路项目100%开展施工标准化活动,各项目驻地建设、施工工艺和现场管理100%达到标准化要求,工程实体关键指标全部达到规范要求。

2011年1月,湖北省交通运输厅印发了《湖北省高速公路建设标准化活动实施方案》,明确了指导思想、总体目标和活动范围,提出了“三集中”、“五个标准化”,即构件集中预制、混凝土集中拌和、钢筋集中加工,勘察设计标准化、工地建设标准化、安全生产管理标准化、工艺工法标准化、建设管理标准化。同年6月,又相继颁布了《湖北省高速公路建设标准化指导意见(工地试验室)》、《湖北省高速公路建设标准化指导意见(工地建设)》、《湖北省高速公路建设标准化指导意见(安全生产管理)》等指导性文件。

近年来,福建、山东、河北、浙江、江苏、广东、陕西、湖北、四川、甘肃、贵州、江西、安徽等省扎实开展高速公路施工标准化活动,有效提升了工程质量、安全水平和行业文明施工形象。

4.1.2 工程施工标准化的理论基础与重要意义

1)工程施工标准化的理论基础

标准化起源于20世纪初科学管理之父F·W·泰勒(Frederick Winslow Taylor)提出的科学管理理论,即“泰勒制”。泰勒制可以使作业标准化、规范化,可以有效提高生产效率,其核心是强调精细化、标准化、数量化,其特点是在工业生产过程中,从每一个工人抓起,从每一件工具、每一道工序抓起,在科学实验的基础上,设计出最佳的工位设置、最合理的劳动定额、最适合的劳动工具以及标准化的操作方法。

(1)“泰勒制”理论体系的提出

美国在南北战争后,奴隶制消亡,西部资源得到开发,工业迅速发展,企业日趋扩大,小生产的传统管理方式已不能适应当时经济、社会和生产技术发展的客观需要。泰勒针对当时的客观变化,对工厂、车间、作坊进行了一系列调查和实验。他根据多年的研究和实验,在 1911 年发表了《科学管理原理》一书,阐述了科学管理的基本原理和方法,对当时资本主义企业管理产生了巨大影响。

泰勒和许多企业管理工作者共同创造的一系列新管理方法和理论,曾被当时许多资本主义国家企业所采用,被称为科学管理理论。科学管理理论的内容相当丰富,它是以工商业的生产管理和车间管理为起点,理论、原则和操作性技术方法相结合,兼具思想性和实用性的一整套管理学说。

(2)“泰勒制”理论体系的内容

“泰勒制”的主要内容和方法包括:劳动方法标准化、制定标准时间、实行有差别的计件工资、挑选和培训工人、管理和执行分工。

①劳动方法标准化:通过对动作的分析,仔细研究工人的操作顺序和方法,以求找出最合理的肢体运动路线、加工方法以及应用的工具,剔除多余和不合理的动作。在大量分析的基础上,制定标准操作规范和程序并普遍推行。泰勒从铲料试验中发现工人每锹铲起 21lb(1lb = 0. 45359237kg)的物料效率最高,于是制造了大小不同类型的铁锹,以适应各种比重不同物料的铲装,使工人每锹都能铲起 21lb 的物料。又如,通过对金属切削加工的大量观测和分析,提出了完成全部工序的每个工步、操作动作、刀具选用和切削用量,并据此制定了操作标准和切削规范。

②制定标准时间:泰勒研究了操作时间,他挑选技术熟练的强壮工人,要求他们紧张地操作,同时用几分之一秒的时间为单位,记录每道工序、每个动作所需要的时间,加上适当的休息、调整、熟悉操作过程等额外时间,经过周密分析,制定出完成每个标准动作所需要的标准时间,作为定额管理和支付工资的依据。

③实行有差别的计件工资:对按操作标准和工时定额完成计划工作量的工人,以较高的工资率支付工资,对不能完成生产定额的工人,以较低的工资率支付工资,以鼓励工人提高生产效率。

④挑选和培训工人:严格挑选工人,使他们能胜任所承担的工作。对选定的工人采取课堂教育和现场操作相结合的方式,按规定的操作标准进行技术培训,改变“师傅带徒弟”的传统做法。

⑤管理和执行分工:泰勒主张一切工作都应通过考察,明确职责分工。他对管理人员和工人的工作进行研究,明确划分管理职能和执行职能,并建立生产控制、成本计算和质量控制的基本制度。

(3)“泰勒制”理论体系的发展

在“泰勒制”的发展过程中,美国 H · L · 甘特创造了横线指示图表,提高了计划编制和生产控制技术;F·B·吉尔布雷思夫妇发展了动作研究的理论和方法;H·福特首先在汽车制造工业中运用流水生产线;法国H·法约尔对管理进行了职能划分,同时提出了一系列管理原则,他们对"泰勒制"的发展都作出了重要贡献。

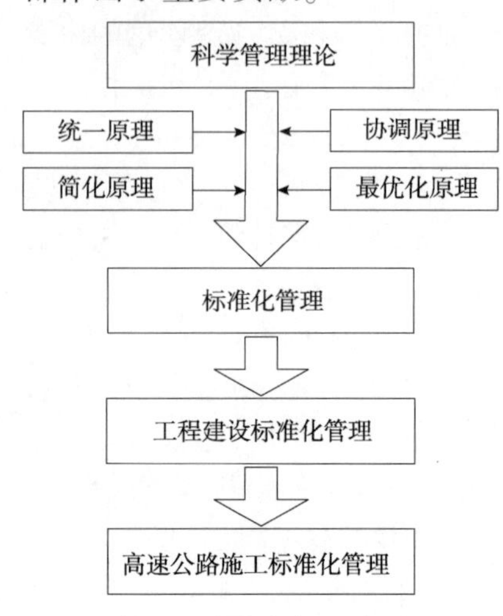

图4-1 高速公路施工标准化管理的理论演变

如前所述,标准化管理的基本原理来源于科学管理理论即"泰勒制",后来又相继融入统一原理、简化原理、协调原理、最优化原理等。随着标准化科学的发展,标准化管理由最初的工业领域,逐步发展到工程建设、管理科学、制造工程、心理学、行为学、社会学、经济学、法学、公共管理、物流工程等多学科领域,尤其是工程建设标准化管理,越来越受到学者和从业者的关注。高速公路施工标准化管理的理论演变如图4-1所示。

2)工程施工标准化的重要意义

现代管理学认为,"通过制定和贯彻标准,可以把管理过程定量化、科学化,使生产过程中的各环节、各要素达到有机、合理配合,把复杂生产过程变得简单、方便、明白、规范,便于操作和执行。"推行工程施工标准化,有利于统一协调组织,统一质量与安全标准,提高质量与安全水平;有利于实现程序化、规模化生产,提高生产效率,保证建设工期;有利于优化资源配置,降低管理成本,推动技术创新。此外,推行工程施工标准化,还有以下几方面的意义:

(1)有利于参建各方校正传统的"惯性思维"和"惯性行为"

长期以来,许多高速公路建设项目实行粗放式管理,管理理念落后、管理方式陈旧、管理方法简单,管理体系有缺陷、管理机制有漏洞,管理缺乏系统性,导致问题不能及时发现、缺陷得不到及时纠正、错误不断重复发生,各类质量安全隐患一直难以根除。由于参建单位的管理方法和人员素质各不相同,在建设过程中,无论是建设管理方、施工方还是监理方,传统的管理方法和手段仍在起支配作用,参建单位和参建人员中存在许多"惯性思维"和"惯性行为",对技术标准、规范和管理制度的认识存在较大差异,在执行技术标准和施工规范方面有一定的随意性,认识不到位、发展不平衡、执行力不强、管理粗放等问题不同程度存在,制约了工程建设优质安全高效推进。为此,必须从队伍建设、管理理念、管理方法上进行创新与提高,最有效的方法就是推行工程施工标准化,统一思想,提高素质,规范行为,进而提升整体建设管理水平。

(2)有利于参建各方完善、落实主体责任

在高速公路建设过程中,业主、施工、监理、设计等多家单位参建,质量、安全、环保、职业健康等多个管理体系共存。推行工程施工标准化,有效整合这些管理体系,避免"各唱各的调",逐步解决以往普遍存在的"就事论事"、发现什么问题才解决什么问题的"事件管理"模式,消除各个管理系统并存但又各行其是、互不关联造成的"管理孤岛",实施系统集成管理。以标准化的方式,明确各参建单位的定位和责任,明晰业主单位的管理核心地位、咨询监理的监管责任、施工单位的施工主体责任、设计单位的勘察设计及服务现场责任等,完善管理责任,消除管理盲区。消除管理中的低层次重复交叉、接口事项主责部门和岗位不明确,谁都有责任、谁也不负责任的现象。一项工作要有一个部门负责到底,需要多个部门共同完成的工作,必须明确一个主责部门,责任到人,落实"可追溯性"。

(3)有利于转变传统的建设管理模式

推行工程施工标准化是克服工作随意性、无序性、粗放性的有效手段,是建设管理由人治管理走向制度管理的必然过程。标准化管理不是超越于建设管理之外的一种独立管理模式或手段,而是以标准化的手段对管理资源或管理模式的一种整合,是对既有建设管理模式的改进与提升。推行工程施工标准化,有利于推动建设管理从传统管理向科学管理转变,从粗放管理向标准化管理、精细化管理转变,从事后管理向预防管理转变,从单一管理向系统管理转变。彻底改变过去认为"谁都能干"、"谁都可以干"、"怎么干都可以"的思想,树立事事讲标准、事事讲规范、事事讲程序,做到有法必依,有章必循,实现科学决策、科学领导和科学管理,实现标准化管理。

4.2　工程施工标准化在高速公路建设中的重要内容

工程施工标准化是提高工程质量和安全生产水平的有效手段,也是现代工程管理的重要内容。没有规矩不成方圆,标准就是规范建设行为和管理行为的规矩和尺度。只有通过统一的技术标准、管理标准和检验标准,才能打造统一、规范、有序的施工标准体系,进而实现对建设过程、安全、质量、工期的有效控制。本节探讨了工程施工标准化在高速公路建设中的三项重要内容,包括工程施工标准化的内容体系、工程施工标准化的考核办法、工程施工标准化的保障措施等。

4.2.1 工程施工标准化的内容体系

工程施工标准化要求对施工技术、管理制度、安全生产、工程质量、工程监督等内容,明确设置符合实际、符合规范的标准要求,使各项标准落实到各节点、各部位、各阶段,形成"实施有规范、操作有程序、过程有控制、结果有考核"的标准化管理体系。在高速公路建设实践中,工地建设标准化、安全生产管理标准化、工艺工法标准化、工程管理标准化是工程施工标准化的四个重要方面,下面分别构建其内容体系。

1)工地建设标准化

工地建设标准化主要包括驻地建设和施工现场建设的标准化。按照标准化要求建设施工驻地、监理驻地、试验室以及施工便道,改善生产生活环境,提高施工管理效率。按照标准化要求建设各类拌和站、预制加工场和材料存放场,实现混合料(混凝土)集中拌制,钢筋、碎石集中加工,构件集中预制,充分发挥工厂化、集约化施工的优势,规范施工现场管理,保证工程质量。按照标准化要求规范施工现场安全防护设施、安全标志及其他各类临时设施设置,消除隐患,文明施工。总体要求包括:

(1)工地建设应符合招标文件规定,满足安全、环保、经济、适用的要求,因地制宜、统筹规划、合理布局。

(2)工地建设必须先选址、规划,制订建设方案,后组织实施。工地建设方案应实行审查、审批制度,实施完成后经验收合格方可投入使用。建设方案内容应满足投标承诺及规范要求,包括位置、占地面积、功能区划分、场内道路布置、排水设施布置、水电设施、消防设施布置及施工设备的型号、数量等。施工单位工地建设方案由驻地监理工程师审查,建设单位(总监办)审批,按批准的方案进行建设,建设完成后经建设单位(总监办)组织验收合格后方可投入使用;监理单位工地建设方案由建设单位审批后按批准的方案进行建设,建设完成经建设单位组织验收后,方可投入使用。

(3)项目建设期间应加强对工地建设的维护与管理,保障工地建设始终保持良好的状况。

(4)工程交工后,除非另有协议,施工单位应自费恢复场地临时用地,并经监理工程师验收合格方可准予退场。

工地建设标准化包括施工单位驻地建设、监理单位驻地建设、工地试验室建设、拌和站建设、钢筋加工场建设、隧道施工设施建设、预制梁(板)场建设、小型构件预制场建设、施工材料存放场建设及施工便道建设等,内容体系如图4-2所示。

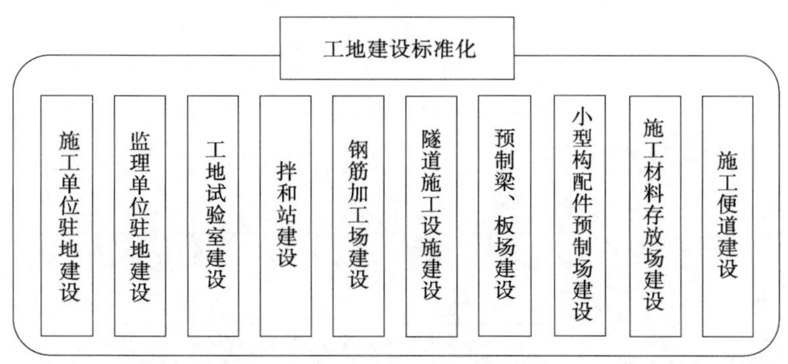

图4-2　工地建设标准化的内容体系

2)安全生产管理标准化

安全生产管理标准化是指通过建立安全生产责任制,制定安全管理制度和操作规程,排查治理隐患和监控重大危险源,建立预防机制,规范生产行为,使各生产环节符合有关安全生产法律、法规和标准、规范的要求,人、机、物、环处于良好的生产状态,并持续改进,不断加强项目安全生产规范化建设。重点对安全生产保证体系、危险源识别、安全教育培训、安全技术交底、安全专项方案、现场安全防护措施等安全管理行为和现场安全措施管控等推行标准化管理,提升安全管理水平,有效避免安全事故的发生。总体要求包括:

(1)建设、监理、施工等单位,须具备国家法律、法规和行业标准规定的安全生产条件,成立安全生产管理机构,建立健全安全生产管理制度。

(2)建设、施工单位应根据工程项目施工生产特点、作业环境和条件,制订应急预案,建立应急救援组织,配备救援人员和器材、设备,并定期进行演练。

(3)建设、监理、施工单位应根据《生产安全事故报告和调查处理条例》规定,及时向有关部门报告生产安全事故,积极协助调查处理。

(4)建设、施工等单位应安排和落实安全生产专项经费,坚持“项目计取、确保需要、过程监控、专款专用”的原则。

(5)建设、监理、施工单位应按照“专人、专室、专柜”的原则对安全生产档案进行管理。

安全生产管理标准化分为通用部分、临建设施、专业部分、安全内业管理等四部分,其中专业部分涵盖高速公路路基、路面、桥梁、隧道、交通安全设施等,具体内容体系如图4-3所示。

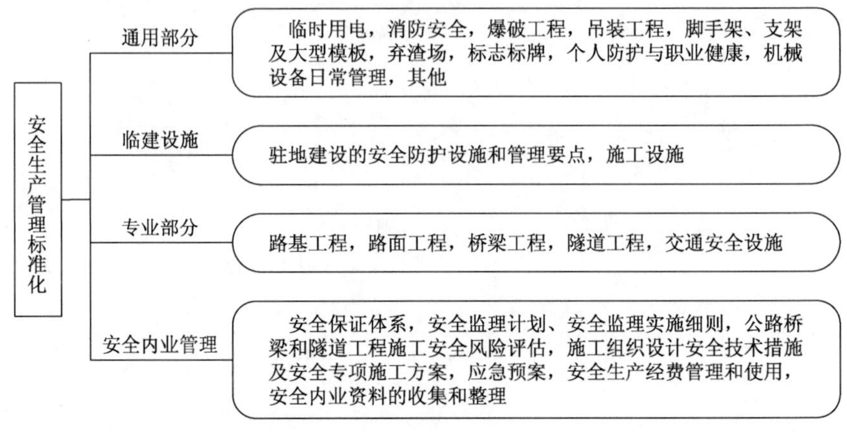

图4-3　安全生产管理标准化的内容体系

3)工艺工法标准化

工艺工法标准化是对工程施工活动的各个环节实行标准程序化管理,做到质量与安全管理环环相扣、层层把关,始终处于受控状态。通过标准化管理体系的运行,建立预防与持续改进机制,有效消除质量安全隐患,提升质量安全管理水平。重点对路基、路面、桥梁、隧道等工程施工推行标准化工艺工法,在各分项工程施工的技术准备、机具准备、材料准备、工艺流程、操作要点上明确标准化的工艺工法。总体要求包括:

(1)按照规范要求,结合标准化管理实施意见,细化路基、路面、桥涵、隧道、绿化及防护等各项工程的施工标准化要求。

(2)优化施工工艺,严格工艺管理,提高施工效率和实体工程质量。

(3)规范质量检验与控制,强化各类验证试验和标准试验,做到检测项目完整齐全、检测频率符合要求、检测数据真实可靠。

(4)加强对隐蔽工程、关键工序的过程控制和验收,确保工程各项指标抽检合格率达到规范要求。

工艺工法标准化涵盖路基、路面、桥涵、隧道、绿化及防护工程,有条件的也可在交通安全与机电工程中实施,内容体系如图4-4所示。

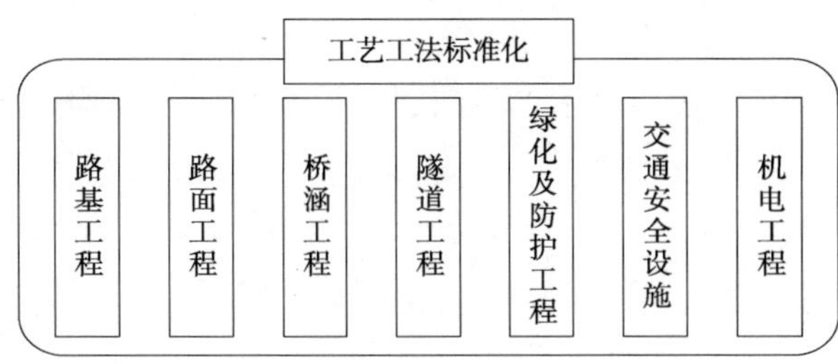

图 4-4 工艺工法标准化的内容体系

4)工程管理标准化

工程管理标准化是指在高速公路建设过程中对质量技术管理、安全管理、进度管理、计量支付管理、工程变更管理、征迁协调管理等工程管理工作内容进行标准化、规范化控制,以达到提高工程质量安全水平、规范管理流程、提高管理效率的目的。标准化的管理制度,不仅让管理变得规范、简便,还提供了工作指引。因此,推行工程管理标准化,应从管理制度标准化抓起,先制定工程管理标准化指南。此外,工程管理标准化是一项系统工程,可以采取"整体规划、分步实施"的原则,从局部领域的标准化做起,试点推行,积累经验后再逐步推广复制,实现"分期推行、分期见效"。总体要求包括:

(1)严格执行公路建设法律、法规和强制性标准,在工程管理中查找薄弱环节,有针对性地制订整改办法。

(2)建立健全管理制度,完善质量安全责任制及保证体系,明确参建各方职责,强化考核机制,严格奖惩和问责。

(3)优化管理流程,把管理标准、技术标准、作业标准落实到施工全过程中,实现工程进度合理均衡、节能环保措施到位。

(4)强化档案资料管理,做到档案资料真实可靠、收集齐全、整理规范。

(5)加强从业人员管理和培训,统一从业人员持证和着装。

工程管理标准化包括机构设置及人员管理、质量技术管理、安全管理、进度管理、计量支付管理、工程变更管理、履约诚信管理、征迁协调管理、环境保护与水土保持管理、信息化管理、档案管理等,内容体系如图 4-5 所示。

4.2.2 工程施工标准化的考核办法

为规范高速公路建设管理,强化工程质量、安全与工艺控制,促进高速公路施工标准化工作全覆盖,推动施工标准化工作常态化,应对高速公路施工标准化活动进行考核。考核工作应当坚持客观公正、注重实效、不走过场的原则，通过考核推动施工标准化各项要求的落实，提高公路建设管理水平。

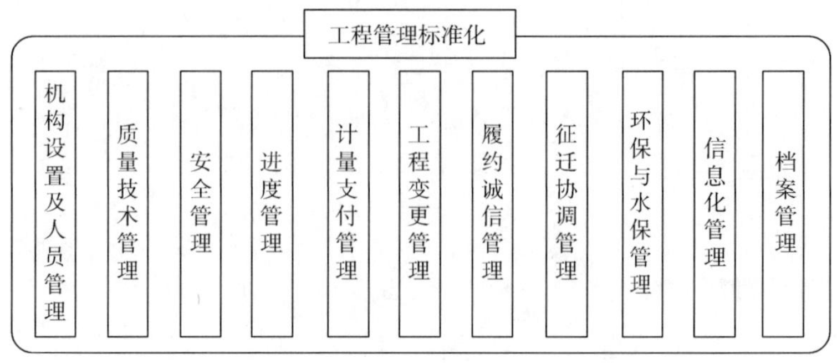

图 4-5　工程管理标准化的内容体系

交通运输部 2013 年 3 月印发了《高速公路施工标准化考核办法(送审稿)》，适用于 2011 年及以后开工的高速公路新建、改(扩)建项目。实行日常考核与专项考核相结合、以日常考核为主的方针，不影响施工生产，不停工迎检，不铺张浪费，严格遵守廉政规定。高速公路施工标准化考核工作由项目建设单位、省级交通运输主管部门及质量监督机构、交通运输部分别组织实施，规定了详细的考核得分办法。

部分省市交通运输主管部门也制定了高速公路施工标准化活动考核评比办法、达标标准等，例如江苏省交通运输厅 2011 年 11 月印发了《江苏省高速公路施工标准化考核办法(试行)》(苏交质〔2011〕39 号)，考核对象包括工程建设项目及参建的建设、施工、监理单位。以日常工作、季度和半年度检查为基础，结合项目质量、安全生产检查等内容进行综合评定。对考核工作组织、考核程序、考核标准等做了具体明确规定。

甘肃省交通运输厅 2012 年 4 月印发了《甘肃省高速公路施工标准化活动考核评比办法(试行)》(甘交建〔2012〕45 号)，内容包括：考核评比工作组织及工作程序、施工单位考核内容及计分方法、建设项目考核内容及计分方法、建设项目和施工单位的评比等。

贵州省交通运输厅 2011 年 7 月发布了《关于开展高速公路施工标准化活动的通知》(黔交建设〔2011〕144 号)，制定了《贵州省高速公路施工标准化活动实施方案》、《贵州省高速公路施工标准化管理实施意见》和《贵州省高速公路施工标准化达标标准》。贵州省高速公路施工标准化达标标准如表 4-1 所示。

贵州省高速公路施工标准化达标标准 表4-1

检查项目	检查指标要求		达不到指标要求时的扣分标准
1.工地建设	(1)	项目部驻地建设,硬件设施,文明标准化“三室五小”要求,经建设单位验收	1分/处项次
	(2)	拌和场位置、占地面积、功能区划分、场内道路布置、排水设施布置、水电设施设置,施工设备的型号、数量,拌和站生产能力、规模等满足三集中要求	3分/处项次
	(3)	钢筋加工场位置、占地面积、功能区划分,施工设备的型号、数量,生产能力、规模等满足三集中要求	3分/处项次
	(4)	预制场位置、占地面积、功能区划分、场内道路布置、排水设施布置、水电设施设置,施工设备的型号、数量,拌和站生产能力、规模等满足三集中要求	3分/处项次
	(5)	施工现场的道路应保证畅通,并与现场的存放场、仓库、施工设备等位置相协调,满足施工车辆的行车速度、行车安全、密度、载重量等要求	2分/处项次
	(6)	一个施工标段设置一个小型构件预制场。预制场布置应符合工厂化生产的要求,道路和排水畅通,场地四周用砖砌围墙,场地全部采用C15混凝土进行硬化,混凝土厚度不小于10cm,道路混凝土厚度不小于15cm。场地四周设置排水沟;在场地外侧合适位置设置沉砂井和污水过滤池	2分/处项次
	(7)	其他问题	0.5~2分/处项次
2.路基施工	(1)	现场机械设备的种类、数量满足施工要求	0.5~1分/台套
	(2)	路基、桥涵(挡墙)台背填筑材料、填筑宽度、分层厚度、压实工艺等符合要求	1分/处项次
	(3)	填挖结合部填筑工艺符合要求	1分/处项次
	(4)	不良地质路基处理范围及深度、沉降观测布点等符合设计要求	1分/处项次
	(5)	高边坡或不良地质边坡防护措施符合设计和规范要求	1分/处项次

续上表

检查项目	检查指标要求		达不到指标要求时的扣分标准
2.路基施工	(6)	边坡防护及时，临时排水完善，未因此造成较大变形破坏或严重冲刷	1分/处项次
	(7)	圬工砌体材料规格、砌筑质量、砌筑工法符合要求	1分/处项次
	(8)	其他问题	0.5~2分/处项次
3.路面施工	(1)	路面用集料加工工艺、堆放、质量符合要求，沥青、水泥、矿粉等原材料存放、质量符合要求	2分/处项次
	(2)	未出现利用不同来源的片、块石混合加工或不同来源的集料混合使用	2分/处项次
	(3)	集料加工按要求采用除尘设施，或除尘达不到要求时采用水洗	2分/处项次
	(4)	及时开展路面混合料配合比、试验段工作，未影响工程进展	1分/处项次
	(5)	按标准化管理要求采取防止污染措施，路面结构层层间未受污染	2分/处项次
	(6)	路面结构层工作面准备到位，经过验收，满足标准化管理要求的连续工作面移交条件方可进行施工，未影响施工质量	2分/处项次
	(7)	路面基层、面层现场施工设备的数量和配型与试验段确认的一致，混合料拌和、运输、摊铺、碾压、养生等施工工艺、施工质量符合要求	1分/处项次
	(8)	黏层油、透层油洒布合格，受污染或被破坏后及时进行处理并补洒	2分/处项次
	(9)	水泥路面混合料拌和、摊铺、振捣、养生、传力(拉)杆埋置等施工工艺、施工质量符合要求	1分/处项次
	(10)	路面结构层未发现明显离析、松散、开裂等现象	2分/处项次
	(11)	其他问题	0.5~2分/处项次

续上表

检查项目	检查指标要求		达不到指标要求时的扣分标准
4.桥梁施工	(1)	基础地质条件按程序确认	1分/处
	(2)	桩基经第三方检测,I类桩基比例不低于95%	每低1%扣5分
	(3)	应报废桩基予以报废	2分/根
	(4)	桩基施工方法符合要求	1分/处次
	(5)	支架和模板尺寸、强度及刚度等符合要求	1分/处次
	(6)	钢筋存放、下料、加工、定位、绑扎连接、保护层垫块安装等符合要求,预制板梁钢筋采用胎膜安装	2分/处次
	(7)	混凝土浇筑、养生、凿毛等符合要求,外观质量好,未进行外观修饰	1分/处次
	(8)	墩柱、支座垫石、台帽、盖梁高程未发现错误;支座预埋钢板按要求热浸镀锌;支座垫石混凝土未出现松散、开裂	1分/处次
	(9)	预应力筋张拉工序及质量控制符合要求	1分/处次
	(10)	现浇、悬浇桥梁监控量测及时,其结果能有效指导施工	1分/项次
	(11)	预制梁板、支座的安装质量符合设计要求,预埋钢筋、伸缩缝预留槽符合要求	1分/处次
	(12)	湿接缝、横隔板、连续端钢筋连接、定位、混凝土浇筑、振捣等符合要求	1分/处次
	(13)	预制梁板横坡无错误,预拱度控制严格,未因此造成吊装后相邻梁板高差不符合要求	2分/处
	(14)	桥面铺装施工工艺、平整度、厚度、强度等符合要求	1分/处次
	(15)	桥头搭板、过渡板与桥面铺装同步施工,施工工艺、施工质量及养生等符合要求	0.5分/处次
	(16)	其他问题	0.5~2分/处项次

续上表

检查项目	检查指标要求		达不到指标要求时的扣分标准
5.隧道施工	(1)	隧道开挖方法和工序、工艺符合要求	1分/处次
	(2)	隧道光爆效果好,无严重超欠挖现象	1分/处
	(3)	按要求开展监控量测或地质超前预报,其结果能有效指导施工	1分/处
	(4)	超挖回填材料、喷射混凝土厚度和强度、锚杆数量和长度、拱架间距符合要求,初支复喷及时	2分/处次
	(5)	初支、超前支护及时,施工工艺、工序符合要求,喷射混凝土未采用干喷	2分/处次
	(6)	防水板、止水条(带)及排水设施符合要求	1分/处
	(7)	隧道开挖、初次支护、二次衬砌、铺底、仰拱、洞门施工工序衔接符合标准化管理要求	1分/处
	(8)	二次衬砌台车符合要求,及时到位	1分/处
	(9)	二次衬砌厚度、强度满足要求,未出现脱空,钢筋间距符合要求,二次衬砌混凝土外观质量好,养生到位	1分/处
	(10)	隧道路面施工工艺、施工质量符合要求	1分/处
	(11)	其他问题	0.5~2分/处项次
6.控制实效	(1)	混凝土强度、路基压实度、原材料、混合料抽检合格	0.5分/项次
	(2)	钢筋保护层厚度抽检合格率不低于90%	每低1%扣0.1分,最多扣2分
	(3)	钢筋间距抽检合格率不低于80%	每低1%扣0.1分,最多扣1分
	(4)	隧道初次支护抽检合格	0.5分/项次,最多扣10分
	(5)	路面基层和面层压实度、厚度、平整度、沥青结构层空隙率和沥青含量抽检合格率100%	每低1%扣0.5分
	(6)	其他问题	0.5~2分/处项次

续上表

检查项目	检查指标要求		达不到指标要求时的扣分标准
7.安全生产	(1)	未出现工程质量事故	三级一般质量事故3分/次,二级一般质量事故5分/次,一级一般质量事故10分/次
	(2)	在施工现场的危险部位设置明显的安全警示标志和安全防护设施,按照国家有关规定在施工现场设置消防通道、消防水源,配备消防设施和灭火器材	1分/次
	(3)	施工现场防护到位,向作业人员提供安全防护用具和安全防护服装,未发现安全隐患	1分/次
	(4)	委托具有相应资质的单位承担施工现场安装、拆卸施工起重机械和整体提升脚手架、模板等自升式架设设施。特种设备经具有专业资质的机构检测、检验合格,取得安全使用证或者安全标志后投入使用。未发现使用未经验收或者验收不合格的施工起重机械和整体提升脚手架、模板等自升式架设设施	5分/次
	(5)	未发现使用国家明令淘汰、禁止使用的危及生产安全的工艺、设备	5分/次
	(6)	对重大危险源登记建档,进行评估、监控,制订应急预案	2分/次
	(7)	进行爆破、吊装等危险作业时安排专门管理人员进行现场安全管理	1分/次
	(8)	两个以上单位在同一作业区域内进行可能危及对方安全生产的生产经营活动时,签订安全生产管理协议或者指定专职安全生产管理人员进行安全检查与协调	1分/次
	(9)	储存、使用危险物品的车间、仓库与员工宿舍不在同一座建筑内,距离符合安全要求;施工现场和员工宿舍设有符合紧急疏散通道要求、标志明显、保持畅通的出口,没有封闭、堵塞施工现场或者员工宿舍出口的现象	2分/次
	(10)	从业人员服从管理,无违反安全生产规章制度或者操作规程现象	1分/次

续上表

检查项目	检查指标要求		达不到指标要求时的扣分标准
7.安全生产	(11)	及时、如实报告生产安全事故	2分/次
	(12)	未出现挪用列入建设工程概算的安全生产作业环境及安全施工措施所需费用现象	2分/次
	(13)	施工现场临时搭建的建筑物符合安全使用要求	1分/次
	(14)	对危险性较大的工程按时报批专项施工方案并附安全验算结果,严格按照经审批的专项方案实施	1分/次
	(15)	因建设工程施工可能造成损害的毗邻建筑物、构筑物和地下管线等采取了专项防护措施	1分/次
	(16)	安全防护用具、机械设备、施工机具及配件在进入施工现场前经查验合格	2分/次
	(17)	安全生产许可证真实有效,有效期满及时办理延期手续	10分/次
	(18)	未出现多次整改仍然存在安全问题的现象;对重大安全事故隐患及时整改,未发现拒绝整改或者整改效果不明显现象	5分/次
	(19)	其他问题	0.5~2分/处项次
8.内业管理	(1)	质量保证体系或质量保证措施健全,及时进行技术交底	2分/项次
	(2)	内业资料齐全、规范	1分/项
	(3)	内业资料无虚假	3分/项
	(4)	及时对职工进行专项教育和培训	2分/项
	(5)	质量保证体系或质量保证措施健全,执行首例分析制	2分/项
	(6)	工程设计变更按程序及时报批	2分/项次
	(7)	建立工程质量责任登记制度	2分
	(8)	其他问题	0.5~2分/处项次

续上表

检查项目	检查指标要求		达不到指标要求时的扣分标准
9.试验管理	(1)	试验室硬件设施建设(试验室面积、环境仪器设备等)符合要求	2分/项次
	(2)	试验记录台账(含仪器使用台账)健全	1分/项
	(3)	试验仪器设备标定符合要求	1分/项
	(4)	试验室管理规范	1分/项
	(5)	试验操作符合规程(含标养室)	1分/项
	(6)	试验数据无虚假	2分/项次
	(7)	其他问题	0.5~2分/处项次

4.2.3　工程施工标准化的保障措施

1)建立完备的工程施工标准化体系

标准化管理是一个动态、持续改进的过程,始于标准的制定,强调标准的实施、推广、监控、考核和评价,终于标准水平的再提升。推行工程施工标准化,首先应建立完备的工程施工标准化体系,从公路建设规律和项目实际出发,不断总结,形成便于操作的标准体系,从而实现对建设过程、质量、安全、进度、工期和成本的有效控制。积极鼓励提高质量与安全的创新做法,及时总结、及时推广,不搞一刀切。在实施中不折不扣地执行标准,使标准成为习惯、习惯符合标准、结果达到标准。

2)建立完善的工程施工标准化推行机制

应建立完善的推行机制,从机制上将标准化管理推广落到实处。工程施工标准化能否有效实施,关键在于加强组织领导,加强建设各方的协调配合,使工程施工标准化成为项目建设的必须而不是选用。项目法人应在保证合理造价的前提下,在招标文件中充分体现标准化施工的要求。建立省(市)级高速公路施工标准化推广领导小组,在所辖区域内大力推广宣传标准化的理念和优势,加强宣传培训,提高从业单位和人员的思想认识。通过组织召开标准化管理活动和典型示范工程现场观摩会，宣传标准化管理的重要性和实施成效，并对新开工项目业主、施工、监理等参建单位工程技术人员进行标准化管理培训，逐步提高认识。

3）加大培训力度，强化考核，加强激励

落实高速公路施工标准化要求，需要建立与之相配套的培训、监督、考核体系和激励机制，严格管理，落实到位。加强从业人员培训，由主管部门、项目建设单位等进行全员的标准化培训。针对管理人员、一线工人不同需要，分别编制教材和手册，分发给所有从业人员，提升施工标准化工作的"软件"实力。同时，应加强日常监督考核，从主管部门到参建单位构建施工标准化工作的责任链条，全方位地进行监督检查，把施工标准化纳入日常管理，使标准化管理常态化。实施相应的考核奖惩制度，通过制定考核办法，明确考核分工和考核指标，建立奖罚分明的激励机制。另外，将标准化执行情况与施工、监理、检测单位的信用评价挂钩，激发其实施工程施工标准化的积极性。

4.3 工程施工标准化在保宜高速公路建设中的实践

4.3.1 工地建设

工地建设是开展工程建设、保证质量、安全与进度的先行条件和基础，保宜指挥部高度重视工地建设标准化。在招标文件中，明确规定投标单位的投标书中应包含工地建设标准化的初步方案。如前所述，工地建设的内容包括：拌和场建设、钢筋加工场建设、预制场建设、隧道施工设施建设、施工材料存放场建设、施工便道以及驻地建设（含施工单位驻地建设、监理单位驻地建设、工地试验室建设），其中的主要内容是拌和场、钢筋加工场、预制场与项目驻地建设。因此，保宜指挥部把工地建设简称为"三场一地"建设。保宜高速公路工地建设标准化工作可归纳为以下几方面：

1）严格执行标准化建设的流程

保宜高速公路工地建设标准化的流程可用图 4-6 表示。

（1）制定标准

保宜指挥部编制了《湖北省保宜高速公路建设标准化指导意见（工地建设）》，见图 4-7，使实施工地建设标准化有了标准、依据和指南，也为进行工地建设标准化培训提供了教材。

(2)宣贯与培训

保宜指挥部组织建设、施工、监理等相关单位的人员学习培训,宣传贯彻"工地建设标准化指导意见",讲解工地建设标准化的方法与要求。对少数以前没有实行标准化管理的单位,甚至采取"手把手"培训的方式,让每个参建人员都明白要做什么、该怎么做、要达到什么标准。

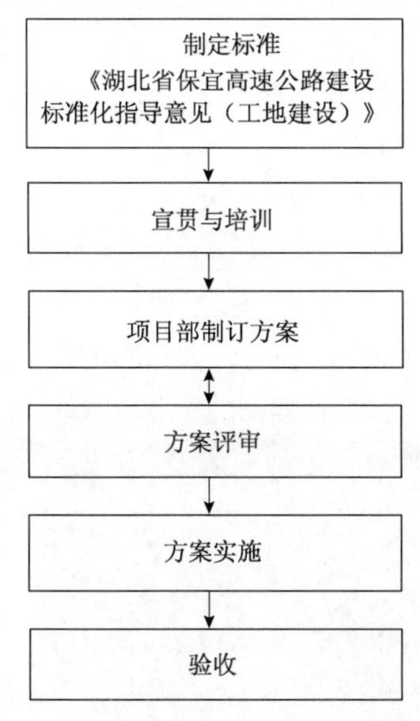

图4-6 保宜高速工地建设标准化的执行流程

图4-7 湖北省保宜高速公路建设标准化指导意见(工地建设)

(3)项目部制订方案

各项目部根据各标段的实际情况,按照"工地建设标准化指导意见"的要求,进行选址、规划,制订工地标准化建设方案,方案内容应满足投标承诺及相关规范要求。

(4)方案评审

保宜指挥部组织专家对各项目部制订的工地标准化建设方案进行评审,对没有通过评审的方案,提出明确修改意见,经项目部修改后再次评审,直至通过,经审查、审批后方可组织实施。

(5)方案实施

各项目部严格按批准的方案进行工地建设,驻地监理工程师跟踪实施监理工作。

(6)验收

工地建设完工后,保宜指挥部组织验收,合格后支付相应的费用。通过验收后的工地方可投入使用,并注意工地建设的维护与管理,使之保持良好状况。

2)严格落实"三集中"的要求

保宜高速严格落实"三集中"的要求,即钢筋件集中制作、混凝土集中配送、预制件集中预制,以发挥"工厂化、规模化、专业化、集约化"的优势。每个一期土建施工合同段只设置一座集中拌和站,每个二期路面施工合同段只设置两个基层拌和站及一个面层拌和站;每个土建合同段只设置一座符合生产要求的钢筋加工场,采用封闭式管理,并配备专门的技术人员及管理人员;每个土建合同段只设置一座预制梁(板)场、一座小型构件预制场。

保宜高速各项目部按照标准化要求进行选址、规划与建设,建成了标准化的拌和场、钢筋加工场、预制场与项目驻地,配置了数控弯曲机、钢筋滚焊机、数控张拉机等先进设备。图 4-8 为保宜高速公路按标准化建成的"三场一地"。

a)标准化的拌和场

b)标准化的钢筋加工场

c)标准化的小型构造物预制场

d)标准化的项目驻地

图 4-8 保宜高速"三场一地"标准化建设

4.3.2　安全生产管理

保宜指挥部高度重视安全生产管理,牢固树立“没有安全的进度是负进度”的观念,提出“安全就是效益,管生产必须管安全”的指导思想,始终把安全生产放在第一位。推行安全生产管理标准化,编制了《湖北省保宜高速公路建设标准化指导意见(安全生产管理)》,并率先在湖北省制定了《高速公路建设安全标准化实施细则》,内容涵盖安全内业管理、安全保证体系、指挥部安全管理职责、指挥部安全管理制度、桥梁和隧道工程施工安全风险评估、安全专项施工方案、安全现场管理重点等。保宜高速公路安全生产管理标准化工作可归纳为以下几方面:

1)加强安全教育与培训,定期开展安全演练

为提高全体参建人员的安全意识,切实做好各项安全生产工作,保宜高速各参建单位定期举办安全教育培训,使参建人员清晰了解日常生产中“哪些该做、该怎么做、哪些又不该做”,让安全工作细化到点、责任到人,使安全生产管理真正落到实处。定期召开安全教育专题会,制定安全生产指导意见与管理规定,使各参建单位提高安全认识、明确安全职责、认真履职、规范管理,确保施工生产安全。图 4-9 为保宜高速襄阳段五标安全生产培训会,图 4-10 为保宜高速九标项目部年后复工安全教育专题会。

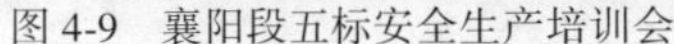
图 4-9　襄阳段五标安全生产培训会

图 4-10　保宜高速九标年后复工安全教育专题会

为积极创建平安工地,预防和减少突发事件带来的危害,切实提高参建者应急能力,保宜指挥部及各项目部定期开展高空坠落、防洪防汛、隧道坍塌、森林防火、隧道逃生等安全应急演练,如图 4-11 所示。仅 2013 年就开办安全学习培训班 126 期,培训 8000 多人次,开展防火、防坠落等应急演练 16 次,参演人员达1300多人次，极大地提高了应对突发事件的能力。

a)隧道坍塌应急救援演练

b)森林防火应急演练

c)高空坠落应急救援演练

d)防洪防汛应急演练

图4-11　保宜高速开展的各类安全应急演练

2)落实安全生产责任，加强安全技术防范

(1)落实安全生产责任

保宜高速建立从指挥长到农民工"横向到边、纵向到底"的安全生产责任保证体系，健全安全生产管理制度，全力抓好交通运输部要求的工程建设安全生产"二项达标"、"四项严禁"、"五项制度"的贯彻落实。切实把安全生产责任落到参建单位的每一位领导、每一个部门、每一个班组、每一个岗位，实现全方位、全过程、全覆盖，有效遏制安全事故的发生。

(2)加强安全技术防范

保宜高速公路加强安全技术防范，严格按规范、标准执行。例如，对施工现场安全标志标牌的使用，严格按照《安全标志及其使用导则》(GB 2894—2008)执行，提供标明安全分类或防护措施的标记。各种标牌、标志的布置根据现场地形地貌的实际情况合理规划，做到整齐统一。固定作业区防护采用铁丝网或网栅防护，间隔立柱采用直径 50mm 的钢管，高不低于 1.5m，间距 5~8m，埋设牢固。作业时间较短的临时工点，外围设置防护栏，采用密目安全网防护，间隔立柱为木桩或钢管桩，高度不低于 1.5m，间距 4~6m，埋设牢固。

又如，火工物品及爆破作业的管理，严格遵守《爆破安全规程》（GB 6722—2011）的有关规定。炸药、雷管等易燃易爆物品随用随进，不隔夜存放。爆破作业现场设置安全警戒防护，由专人统一指挥。爆破作业后及时排除施工各类危险源，如松散石块、哑炮、残药、雷管等。保宜高速公路部分安全生产技术防范如图 4-12 所示。

a)危险作业区警示

b)安全防坠网

c)挖孔桩周边防护

d)炸药库安全文明建设

图 4-12　保宜高速安全生产技术防范

此外，利用保宜高速公路建设信息化管理平台中的“现场监控系统”与“隧道安保系统”辅助监管安全生产，指导紧急救援。具体见本书 5.3.2“保宜高速公路建设信息化管理系统的构建与应用”。

3）强化重大危险源管理，制订安全专项方案

抓好安全风险评估，强化重大危险源管理是预防重大安全事故发生的重要环节。保宜高速建立健全重大危险源排查制度，对发现的安全隐患采用销号制、督办制的方式逐一进行整改。保宜指挥部组织专家对全线高墩、高边坡和隧道等100多个极高风险的施工节点进行评估和反复论证，及时调整设计、施工方案，降低风险，有效消除了40多个风险节点，确定了全线63个重大危险源，对重大危险源实行定人、定责、定岗进行监督和预警，并绘制重大危险源公布图，实行销号制管理，切实加强安全管控，彻底消除各类隐患。

保宜指挥部要求各种安全工程须制订安全专项方案或进行安全风险专项评估，并组织专家进行评审。图4-13为保宜高速襄阳段第二驻地办组织召开的安全专项方案评审会，会议除了评审施工单位制订的隧道、高边坡、桥梁施工等安全专项方案外，还提出四项要求：一是各施工单位要坚持“安全第一、预防为主、综合治理”的方针，加强现场安全管理。二是各施工单位要研究和消化专家组意见，完善、细化施工安全专项方案并按程序报批。要结合施工技术方案编制、完善施工安全专项方案，以检验安全专项方案的可行性。三是驻地办要对各标段所报施工安全专项方案进行认真审查，确保专家意见落到实处。四是高度重视施工安全管理工作，各施工单位要将报批后的施工安全专项方案真正落到实处，监理单位要严格监理。

图4-14为保宜高速襄阳段安全风险专项评估报告审查会，会议除完成襄阳段施工安全风险专项评估报告审查工作外，还强调指出：保宜高速襄阳段施工环境条件复杂，各施工单位要通过施工安全风险评估进一步增强安全意识，改进施工措施，规范预案、预警、预控管理，降低施工风险，严防事故发生。

图4-13　襄阳段安全专项方案评审会

图4-14　襄阳段安全风险专项评估报告审查会

4）典型事例：成功处理尚家湾隧道突水突泥

2013 年 6 月 4 日下午 14 时，保宜高速公路襄阳段九标承建的尚家湾隧道左线 ZK64+920 掌子面爆破后，在出渣过程中突发突水突泥事件，瞬间突水突泥量达到 7700m^3，50cm 深的泥水顷刻间涌出洞口。图 4-15 为保宜高速尚家湾隧道突水突泥事故现场。

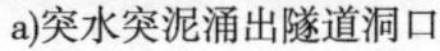

a)突水突泥涌出隧道洞口

b)隧道内部突水突泥状况

图 4-15　保宜高速尚家湾隧道突水突泥事故现场

尚家湾隧道全长 3800m，最大埋深 485.2m，大部分处于浅饱水带，地质结构极为复杂，安全风险高、施工难度大、施工条件恶劣，为全线重、难点控制性工程。

险情就是命令，襄阳段九标项目部接到报警后立即启动隧道突水突泥抢险预案，洞内作业人员及时撤离施工现场。抢险组听取值班安全员险情报告后，进洞检查突水面围岩变化情况及排查检修供电设备，确定无安全隐患后，迅速将施工设备及材料转移到洞外。同时，医疗组在洞外逐一认真检查施工人员有无受伤等情况。险情发生后，保宜指挥部领导冒着危险乘坐装载机进洞仔细查看突水突泥现场，指导抢险救援及后期施工工作。

此次突发事件因预警及时，抢险组织得当，洞内施工人员全部安全撤离现场，无一人受伤，机械设备、施工材料等损失也降到最低。

保宜高速公路推行安全生产管理标准化，成绩突出，被湖北省安委会表彰为“安全生产先进单位”，2013 年被交通运输部表彰为第三批部级“平安工地”示范创建项目。

4.3.3　工艺工法

质量是工程的生命，工艺工法标准化是保证质量的重要手段。保宜指挥部高度重视工艺工法标准化,组织编写了《质量通病防治手册》等技术资料。湖北省交通运输厅组织编写了《湖北省高速公路建设标准化指南》系列丛书,其中的《施工工艺及管理篇》包括路基工程、路面工程、桥梁工程、隧道工程等。保宜高速以上述指南、手册为依据,推行工艺工法标准化。工程实践证明,T 梁的耐久性等使用效果优于小箱梁,保宜高速全线有大量的 T 梁施工。以下以 T 梁的制作与架设为例,阐述保宜高速公路实行工艺工法标准化的情况。

1)加强技术培训

在 T 梁制作过程中,各项目部邀请专家对 T 梁施工的工艺工法进行培训,对有代表性的问题进行讲解,结合《质量通病防治手册》,就 T 梁预制中钢筋加工与安装、模板安装、混凝土浇筑与养生等存在的质量通病进行剖析,从根本上找出解决问题的措施,从源头上杜绝质量问题的发生。通过培训,项目部各相关部门、工区、施工队详细了解了 T 梁预制施工的具体要求,明确了施工的重点、难点和注意点,技术水平与操作技能明显提高。图 4-16 为保宜高速襄阳段二标 T 梁工艺工法培训会;图 4-17 为保宜高速襄阳段四标 T 梁培训交底会。

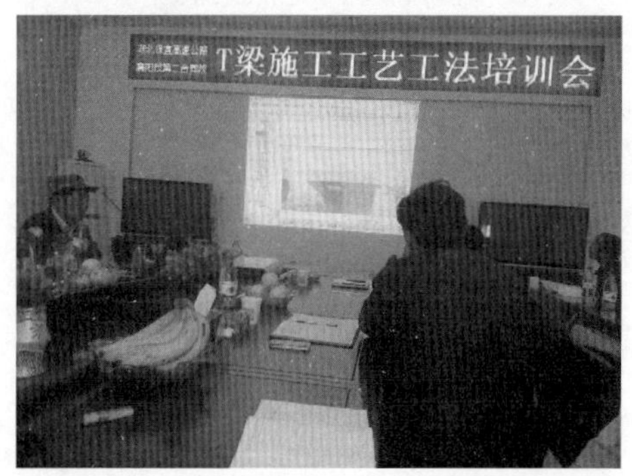

图 4-16　襄阳段二标 T 梁工艺工法培训会

图 4-17　襄阳段四标 T 梁培训交底会

2)严格按标准化要求制作 T 梁

保宜高速严格按标准化要求制作 T 梁,严格落实施工技术规范的强制性条款,严格落实标准化施工的各项规定。以宜昌段二标为例,为执行工程施工标准化的要求,一是落实场区建设标准化。规范设立了制梁区、存梁区、钢筋绑扎区、生活区;按标准化要求配备了各式机械,实现了施工过程机械化。二是严把材料关。对原材料层层检验,严控配合比,确保高性能混凝土的质量。三是落实人员配备标准化。除配备齐全管理层人员外,制梁班组选配了具有多年制梁经验、技术过硬的专业化施工队伍。四是全面落实施工过程控制标准化,关键工序技术旁站到位，严控每道关键工序作业，保证成品 T 梁质量 100%合格。图 4-18 为保宜高速宜昌段二标 T 梁制作现场。

此外，保宜高速踏实做好技术交底工作，严格执行首件工程认可制。以保宜高速襄阳段首片 T 梁制作为例，在 T 梁制作前，项目部技术人员认真对施工队人员进行钢筋工程、模板工程、混凝土工程等施工的技术交底，提供技术指导。施工期间加强过程控制，确保每一道工序都严格按照技术交底要求执行。在 T 梁浇筑前，保宜指挥部、驻地办对钢筋、模板及施工准备工作等进行全方位检查，驻地监理工程师、项目部班子成员对 T 梁的关键部位及关键环节进行再次检查，确认达到浇筑条件后再下达浇筑指令，整个浇筑过程规范、标准、操作有序，质量优良。图 4-19 为保宜高速襄阳段首片 T 梁浇筑现场。

图 4-18　宜昌段二标 T 梁制作现场

图 4-19　襄阳段首片 T 梁浇筑现场

3) 加强质量分析与技术交流

保宜高速加强质量分析与技术交流，经常性举办由保宜指挥部、各施工单位、监理单位、中心试验室等有关人员参加的质量分析与技术交流会。图 4-20 为 2013 年 7 月保宜高速襄阳段召开的 T 梁质量分析会，查找 T 梁生产过程中存在的质量问题及原因，推介同行业先进的施工管理经验。图 4-21 为 2012 年 12 月保宜指挥部在宜昌段七标制梁场召开的标准化 T 梁预制现场会。与会人员观摩了梁板钢筋骨架制作加工、翼板钢筋骨架胎模制作、新型预应力张拉设备、新型数控一体化压浆设备等，听取了宜昌段七标技术负责人关于制梁场布置、T 梁预制资源配置、智能设备应用等情况介绍。保宜指挥部要求各参建单位坚持工艺工法标准化，学习兄弟单位在 T 梁制作中形成的标准化建设先进经验，借鉴吸收，总结摸索，形成标准化建设的样本，在各自合同段推广运用。

图 4-20　襄阳段 T 梁质量分析会

图 4-21　保宜高速标准化 T 梁预制现场会

4）按标准化要求高质量架设 T 梁

为确保 T 梁顺利成功架设，保宜指挥部要求各项目部提前规划，优化施工方案，注重过程控制，调配经验丰富的架设技术人员，按标准化要求高质量架设。以保宜高速襄阳段二标首片 30m T 梁架设为例，在 T 梁架设准备阶段，项目部做足了准备，一是组织人员进行安全技术交底，二是研究制订施工方案，三是严格数据检测，确保架设工作精准到位，四是制定相关管理办法，保证质量安全可控。在架设工作正式开始前，现场技术人员认真检查 T 梁架设前的各项准备工作，试验人员对墩柱、盖梁、桥台、支座垫石及 T 梁的混凝土进行了回弹性能检测，测量人员架设仪器找准观测点确保移梁作业精准无误，安全人员检查现场安全措施。在一切准备工作就绪后现场负责人下达架设指令，重达 80t 的 T 梁在架桥机的牵引下平稳移动，最终安全、精准地移动到架设点。根据技术人员的测量数据，梁体就位误差仅 4mm，优于相关规定。

保宜高速公路推行工艺工法标准化，在路基、路面、桥涵、隧道、绿化及防护工程中全面应用，各个工区、作业队按照成型的工艺工法，有序操作，快速推进，为又好又快地进行工程施工奠定了基础，工程质量处于可控状态，全线分部分项工程合格率 100%，实现了工程质量的内实外美。

4.3.4　工程管理

现代工程管理的前提是坚持依法依规建设、依制度管理。建立健全工程管理制度，优化管理流程，是实现工程管理标准化的前提。保宜指挥部十分重视工程管理标准化，编写了《湖北省高速公路建设标准化指导意见》第五册《建设单位管理》部分，内容包括机构设置及人员配置、项目前期工作管理、质量技术管理、安全管理、进度管理、计量支付管理、工程变更管理、履约诚信管理、征迁协调管理、环境保护与水土保持管理、信息化管理、档案管理、党风廉政建设和工地文化建设等14个方面,为实施工程管理标准化提供了基础和依据。以下以设计变更管理为例,阐述保宜高速实施工程管理标准化的情况。

1)设计变更的管理目标和分类

为了加强保宜高速公路建设管理,规范工程设计变更行为,做好施工图设计的补充和完善工作,保证工程质量、施工安全、节约投资、确保工期,结合项目建设实际,保宜指挥部制定了设计变更管理实施细则,将工程设计变更分为重大设计变更、较大设计变更和一般设计变更,规定了设计变更的条件和分类,不同类型的设计变更应按规定程序履行审查或审批手续。

(1)重大设计变更包括:

①连续长度10km以上的路线方案调整。

②特大桥的数量或结构形式发生变化。

③特长隧道的数量或通风方案发生变化。

④互通式立交的数量发生变化。

⑤收费方式及站点位置、规模发生变化。

⑥超出初步设计批准概算。

(2)较大设计变更包括:

①连续长度2km以上的路线方案调整。

②连接线的标准和规模发生变化。

③特殊不良地质路段处置方案发生变化。

④路面结构类型、宽度和厚度发生变化。

⑤大中桥的数量或结构形式发生变化、隧道的数量或方案发生变化。

⑥互通式立交的位置或方案发生变化、分离式立交的数量发生变化。

⑦监控、通信系统总体方案发生变化。

⑧管理、养护和服务设施的数量和规模发生变化。

⑨其他单项工程费用变化超过500万元。

⑩超出施工图设计批准预算。

(3)一般设计变更:是指除较大设计变更和重大设计变更以外的设计变更。一般设计变更的审查和审批根据不同情况分为一般程序和简易程序。一般程序是指变更方案较复杂,指挥部、设计、监理和施工单位在施工现场难以取得一致意见时,按“设计变更的一般程序”执行;简易程序是指变更方案较简单,指挥部、设计、监理和施工单位在施工现场能够取得一致意见的情况。

2)设计变更的一般程序

(1)设计变更的提出:根据实际情况可由指挥部、设计、施工单位提出;提出设计变更的建议应当采取书面形式,并应当注明变更理由;设计审查单位、主管部门也可以提出设计完善意见和设计变更建议。

(2)监理工程师审查(限施工单位提出的设计变更)。

(3)原设计单位提出意见(必要时完成方案设计)或征求原设计单位意见(限特殊情况委托其他设计单位编制设计变更文件)。

(4)方案比选及修编设计文件。必要时指挥部可以组织勘察设计、施工、监理等单位及有关专家对设计变更建议进行经济、技术论证。

(5)指挥部组织审查,必要时组织专家或委托具有相应资质的单位咨询审查。

(6)指挥部审批。变更增加费用不超10万元的,由指挥部技术管理处审批,变更增加费用超过10万元的,经指挥部集体研究审批。

3)重大变更审查报批程序

施工阶段重大和较大设计变更的方案设计审查和报批应遵守以下程序:

(1)提出设计变更建议:根据实际情况可由指挥部、施工单位、原设计单位提出;提出设计变更的建议应当采取书面形式,并应当注明变更理由;设计审查单位、主管部门也可以提出设计完善意见和设计变更建议。

(2)监理工程师审查(限施工单位提出的设计变更)。

(3)原设计单位完成方案设计或征求原设计单位意见(限特殊情况委托其他设计单位编制设计变更文件)。

(4)方案论证及比选并修编设计文件。必要时指挥部可组织勘察设计、施工、监理等单位及有关专家对设计变更建议进行经济、技术论证。

(5)湖北省交通运输厅组织审查。

(6)较大设计变更由湖北省交通运输厅审批;重大设计变更报湖北省发改委审批。

(7)设计变更文件一般应由原设计单位编制完成。对于特殊情况,经征求原设计单位意见后,指挥部也可委托有相应资质的其他设计单位修改设计,完成设计变更文件。

4)特殊情形的设计变更程序

(1)凡属工程抢险等紧急工程须对原设计进行变更、超出指挥部权限的,根据湖北省交通运输厅规定，指挥部可事先口头或书面报告后先行实施，并尽快完善图纸和组织报批。

（2）非抢险工程等特殊情况，任何单位不得擅自越权变更设计，不得先实施后报批。

在建设管理实践中，保宜指挥部严格按照上述规定处理设计变更。例如，2013 年 8 月，为审查襄阳段 K44+480～K44+600 边坡处治、店垭服务区设计变更、K57+070～K57+850 路基填筑等设计变更方案，保宜指挥部专门召开设计变更审查会，邀请行业专家、设计、施工、监理、中心试验室、边坡监测代表等参会，就关键问题进行深入讨论，形成审查意见，图 4-22 为审查会会场。

图 4-22　保宜高速襄阳段设计变更审查会

保宜高速公路坚定不移地推行工程施工标准化，标准化建设走在湖北全省乃至全国交通系统前列，保宜品牌在交通项目群中脱颖而出。2012 年 5 月，“湖北省交通建设质量工作暨高速公路建设标准化推进会”在保宜指挥部召开；2012 年 6 月，保宜指挥部受邀参加在西安召开的“全国高速公路施工标准化活动现场会”，作为全国先进典型在会上作交流发言，保宜标准化建设的经验和做法引起了与会代表的共鸣，受到会议的充分肯定，并被湖北交通报、中国交通报予以重点报道推广。

第5章　管理手段信息化的研究与应用

5.1　管理手段信息化概述

5.1.1　管理手段信息化的定义与背景分析

1) 信息化管理的定义与内涵

信息化是指培养、发展以计算机为主的智能化工具为代表的新生产力,并使之造福于社会的历史过程。信息化管理是指将现代信息技术与先进的管理理念相融合,转变管理方式和业务流程,提高工作效率与效益、提升管理效能的过程。信息化管理的内涵包括三个方面:①信息化管理是为促使管理效能更优而实施的一个过程。信息化管理是借助计算机技术、网络技术和通信技术,有效利用人力、物力和财力等资源获取最佳效益的过程。信息化是手段,管理模式是关键,业务流程的优化或重组是核心,实现管理效能的最大化是最终目的。②信息化管理是 IT(Information Technology,信息技术)与管理的相互融合与创新。信息化管理不是简单地用 IT 工具来实现已经陈旧的管理逻辑,当信息系统与现行的管理制度、组织行为发生矛盾时,当现有的管理模式需要实质性的创新时,单纯依靠信息系统难以解决问题,而需要通过信息化带动管理创新,站在行业发展的高度,将信息技术融入到新的管理模式和方法中。③信息化管理是一个动态的系统,也是一个动态的管理过程。各个行业的信息化并不能一蹴而就,而是渐次渐高的。各行业内外部环境是一个动态的系统,行业管理的信息系统软件也应与之相适应,管理信息系统的选型、研发或采购、应用是一个循环的动态过程,这一动态过程与行业的战略目标、业务流程密切相关。

2) 高速公路建设管理手段信息化的定义和内涵

高速公路建设管理手段信息化是指利用信息化管理平台,对高速公路建设管理过程中主要业务的信息进行采集、传输、加工、储存和维护,以减轻管理工作量、提高管理效能、提升服务效果的过程。高速公路建设管理手段信息化的精髓是工程信息集成，核心要素是数据平台的建立和信息数据的深度挖掘、利用。

借鉴刘人怀院士、孙凯学者对工程管理信息化内涵的概括，高速公路建设管理手段信息化的内涵可归结为四个方面：建设管理、参建方协作、公众服务与集成创新。

（1）建设管理

高速公路建设管理工作纷繁复杂，包括征迁协调、质量技术、安全生产、进度控制、计量支付、合同与工程变更、环境保护与水土保持、档案管理等。管理手段信息化能高效地处理建设过程中产生的海量信息，有助于决策者和管理人员获取精准的定量数据，实时掌握工程的进展情况并做出科学决策。管理手段信息化还有助于切实有效地执行内部管理制度、优化管理流程，从而提高管理的效率与效能。

（2）参建方协作

高速公路建设是一项庞大而复杂的系统工程，涉及业主、设计、施工、监理等众多参建方，且往往分布于高速公路建设全线，分散性大、距离远、交通不便，导致众多参建方之间沟通协调、配合协作的工作难度大。管理手段信息化能实现信息的实时传递，改变传统的业务办理流程，大幅度提高参建方之间的沟通效率。此外，信息共享、信息交互模式和海量信息处理技术有助于形成完善的参建方协同工作机制。

（3）公众服务

修建高速公路的目的是为社会公众服务，在高速公路的建设过程中，也应重视服务公众。利用高速公路建设信息化管理系统中的公众服务平台，能让业主与社会公众之间的沟通更加有效，使得受高速公路影响的社会公众，如拆迁安置的民众、受建设环境影响的受害者和受益者等能及时准确地获取信息，从而形成信息公开透明的机制，接受社会公众的建议与监督。

（4）集成创新

集成创新是指通过系统化地集成已有的知识、技术，创造出前所未有的新产品、新工艺、新的服务方式或新的管理模式，其新颖性表现在系统的集成思想和方式上。任何一条高速公路建设项目都不是独立存在的，需要不断吸收类似工程的方法、经验和教训；同样，某一高速公路建设的信息和知识资源也可为其他工程所借鉴。不同高速公路建设项目之间的信息共享可以形成新的知识财富、管理模式和服务方式。此外，在集成创新思想指导下构建的信息化管理平台，通过建立知识库、案例库、专家系统等，可提升建设项目的管理水平，使未来的高速公路建设管理更具科学性、系统性和高效性。

3)高速公路建设管理手段信息化的背景分析

高速公路建设项目具有投资大、建设周期长、建设规模大、分布范围广、参与单位和人员众多、风险高等特点，涉及征迁、合同、质量、安全、进度、投资、文档资料等多方面的工作，建设管理难度大，沟通协调工作量大，大量动态信息需要有效的集成管理，传统的建设管理模式难以适应现代高速公路建设管理的需要。

信息化管理手段能够有效运用到高速公路建设管理的方方面面，包括质量管理、安全管理、费用管理、合同管理、档案管理等。例如，传统的质量管理信息主要依靠逐层人工统计，再通过书面或简单的报表方式上报，管理者不能高效、准确、及时地查询、统计、分析建设质量信息，而采用信息化的管理手段可以及时获取准确、完整信息，使建设各方的责任主体及相关单位更加重视建设质量；又如，传统的现场监控主要依靠人工巡逻方式，不能全天候、大面积同时监控整个施工现场，而采用信息化的管理手段可以实时对工地上的安全生产、质量控制、文明施工、现场人员到岗情况等进行全面的监控管理，并能存储保留、回放再现监控信息；再如，在传统的资金管理中，资金使用主要依靠人工以书面方式完成申请、审批和支付等流程，管理者不能及时获取资金流向，且资金管理工作量大，可能造成支付不及时等后果。采用信息化的管理手段可以实时监控资金的流向与使用状况，通过与银行的协同合作，可方便快捷地完成支付，大大提高支付效率。可见，信息化管理具有传统管理手段无可比拟的优势，是现代高速公路建设管理必然的发展趋势。

计算机技术的迅速发展与网络基础设施的逐步普及，为实现信息化管理提供了有利条件。近几年，交通运输部和各省级交通运输主管部门高度重视管理手段信息化，积极推进信息化管理进程，在部分高速公路建设项目中应用信息化管理平台，取得了一定的成效。北京、天津、福建、广东、广西、浙江、吉林、新疆、河北、山西等先后建立了省级或以省级管理机构为主的高速公路建设管理信息系统。河北省于2004年开始高速公路建设信息化管理平台的研发工作，2006年在高速公路建设中全面推行信息化管理，并作为日常考核工作的重要内容；自2006年起，福建省逐年逐步建立涵盖交通运输厅、高速公路建设指挥部、标段指挥部等多级信息集中管理系统；天津滨海新区则根据新形势下高速公路建设发展需要，统一建立了包括高速公路建设在内的多级多层次综合管理信息系统；在西部地区中，广西率先开展了高速公路建设管理手段信息化的应用。

2010 年 8 月 9 日，交通运输部冯正霖副部长在全国公路建设座谈会上指出，要加快实现项目管理信息化，强调在工程建设管理领域广泛运用信息网络技术，加强建设项目信息资源的整合和利用，能够规范管理流程，提高管理效率。在大会经验交流中，马鞍山长江公路大桥建设单位和泰州长江公路大桥建设单位开发的信息化管理集成系统，吉林省高速公路建设局开发的项目管理信息系统，都在项目管理中取得了较好效果。可见，在现代高速公路建设管理中，实现信息化管理有其必要性和可行性。

5.1.2　管理手段信息化的发展现状与重要意义

1）高速公路建设管理手段信息化的发展现状

（1）国外高速公路建设信息化管理现状

从信息技术发展的角度，发达国家高速公路建设实现信息化管理经过了三个不同发展时代，形成了结构与功能完全不同的三代管理信息系统。20 世纪 60 年代初始，诞生了基于大型计算机的集中式管理信息系统；20 世纪 80 年代中期，随着个人计算机的普及，基于桌面的第二代管理信息系统产生并兴盛起来，以微软的 Project 为典型代表；21 世纪初始，形成了以物联网、无线通信和云计算等信息技术为基础的第三代管理信息系统。

从管理模式发展的角度，高速公路建设管理模式与信息技术的结合遵循着不同的理论基础，主要包括：①在 20 世纪 80 年代中期，由美国项目管理学会 PMI（Project Management Institute）和国际项目管理协会 IPMA（International Project Management Association）先后提出的项目管理知识体系 PMBOK（Project Management Body of Knowledge），明确把项目全生命周期的概念和管理过程引入信息处理模型。②在 20 世纪 90 年代中期，德国 Peter Greiner 教授等提出了项目总控思想。项目总控是指以现代信息技术为手段，对大中型建设工程的信息进行收集、加工与传输，以经过相关处理的信息流来指导与控制项目建设过程中的物质流，对项目最高决策者的策划、控制和协调等进行支持的一种管理组织模式。

目前国外建设管理软件大致分为两类：一种是满足大型建设工程或涉外工程需要的高端管理软件，这类软件功能强大，价格昂贵。如 Primavera 公司的 P3、Gores 技术公司的 Artemis、ABT 公司的 Workbench、Welcom 公司的 Open Plan 等。另一类是满足非专业需要的低端管理软件，应用于小型工程项目管理。这类软件虽然功能不是很齐全，但价格极具优势。如 Scitor 公司的 Project

Scheduler、Primavera 公司的 SureTrak、Microsoft 公司的 Project、IMSI 公司的 TurboProject 等。

(2)国内高速公路建设信息化管理现状

我国公路建设在信息化管理方面起步较晚,相比发达国家总体处于落后水平。近年来,随着标准化、信息化的普及与推广,国内许多高速公路建设管理部门构建了信息化管理平台。目前国内管理信息系统构建主要有三种途径:一是直接引进国外管理系统。业主出资购买(一般还需要二次开发)商品化的项目管理软件,安装在业主的内部服务器上,供所有的项目参与方共同使用;二是自行开发管理系统。业主聘请咨询公司和软件公司针对项目的特点自行开发,完全承担系统的设计、开发与维护工作;三是租用管理系统,即 PM-ASP 模式(Project Management Application Service Provider)。租用服务供应商开发好的管理信息系统,通常按租用时间、项目数、用户数、数据占用空间大小收费。

直接引进国外比较完善的管理软件进行应用,具有较好的系统性、安全性和可靠性,但由于管理体制、组织模式等方面的差异,导致国外成型的软件系统不能完全适用于国内公路建设管理的需要,所以具有针对性较差的缺点;自行研制开发管理系统,针对自身的需求“量身定做”,具有较好的针对性,但是由于国内自主开发的系统具有一次性、单件性的特点,所以存在通用性差、不可移植等缺点;采用租用管理系统的模式,具有实施费用少、维护成本低等优点,但由于租用的系统并非针对特定工程,且具备的功能较少,因此该种方式只适合中小型公路建设项目。

国内项目管理软件功能较为完善的有:同望项目管理系统、梦龙科技项目管理信息系统、邦永科技 PM2 项目管理系统、建文工程项目管理软件等。国内软件基本上是在借鉴国外管理软件的基础上,按照我国建设管理模式和现行标准,为适应国内建设管理体制进行开发的。

总体而言,国内高速公路建设信息化管理存在的问题可归结为:

①对信息化管理内涵的理解过于狭隘。许多高速公路建设单位认为只要在计算机上使用了管理信息系统就完成了信息化管理,正是这种狭隘的理解导致了公路建设项目配备管理信息系统后,管理效率并没有明显提升。实际上,科学、有效的管理信息系统除了完成业务层面的数据管理功能外,更重要的作用是对公路建设项目的管理体制和规章制度的深层次变革。

②尚未建立统一的信息化管理标准。目前我国高速公路建设信息化管理还处于初步探索阶段,还没有建立完善的公路行业信息化管理标准体系。各个软件企业开发的高速公路建设管理系统都是根据各个建设项目的内部标准而

研制的，重复开发，自成体系，同类系统之间不能互联互通，兼容性、通用性和扩展性差，难于构建统一的、标准的高速公路建设信息化管理工作平台。

③信息化建设投入产出比低。目前国内部分高速公路建设部门花费巨资进行信息化建设，选购了先进的硬件设备，配备了较完善的软件，但由于信息化管理系统使用者无法明确提出功能需求，且系统缺乏高质量的更新和维护，导致巨大的资金投入并没有带来信息化整体水平的提高，反而不断出现管理信息化失败的案例，给业主方造成损失。

④信息化管理的功能不全，且开展不均衡。现有高速公路建设管理信息系统的功能架构主要集中在计量支付、办公管理等少数模块，在工程质量、安全、进度管理等方面的应用效果还不理想。因此，管理信息系统有待完善，以全面实现质量管理、安全管理、招投标管理、进度管理、合同管理、信用管理等功能。在基本功能应用成熟的基础上，再逐步向前期工作、征地拆迁、纪检监察、信息集成等方面扩展，为科学决策奠定基础、提供支撑。此外，信息化管理工作在全国各地开展不均衡，不同地区、不同项目的实施情况差异较大。

2)高速公路建设管理手段信息化的重要意义

(1)促进管理模式、管理体制的革新

传统高速公路建设管理是一种被动控制的模式，往往是在问题发生后才采取控制措施。采用信息化的管理手段，管理者借助先进的信息处理和传递工具，能及早发现问题并及时采取控制措施，从而提高项目建设的风险控制能力，并促进管理模式由被动向主动转变。

此外，在高速公路建设过程中，通过信息化的管理手段能将地理位置上相距遥远的各参与方联系起来，形成水平、对等的信息传递方式，组成在业务过程中相互协助的虚拟工作团队。这样的虚拟工作团队变革了传统组织结构的有形界限，按照共同的目标来建立柔性、灵活、动态的建设项目管理组织，使之具有更强的目标一致性和更合理的资源配置。

(2)提高管理效率与效能，增强管理效果，更好地服务于参建各方

通过构建信息化管理平台，整合和利用建设项目的信息资源，对管理全过程进行控制，对质量安全、计划进度、合同管理、远程监控等进行信息化管理，实现办公自动化、管理智能化与控制实时化，能有效弥补人为管理的漏洞和缺失，达到规范管理流程、提高管理效率与效能、降低管理成本的目的。此外，高速公路建设参与单位较多，地理位置上的分散性使得各参与单位在信息共享与沟通方面极为不便。信息化管理手段可以轻松实现信息共享与交换，更好地服务于

参建各方。

(3)为其他“四化”提供保障与支持

信息化可为高速公路建设现代工程管理“五化”中的其他“四化”提供保障和支持。例如,通过信息化管理平台可将建设部门的管理理念、管理政策传递出去,争取当地政府和民众的理解、支持,化解在征地拆迁、补偿安置等工作中,由于信息不对称、不公开、不透明带来的矛盾纠纷,促进人本化管理;又如,根据国家颁布的工程管理与工程施工的相关规范,按照专业化的项目管理模式与标准化的施工流程构建管理信息系统,执行过程中,系统将严格按设定的标准流程运转,无法人为干预,杜绝工程管理中的违规现象,减少工程施工中的违规操作,从而促进项目管理专业化与工程施工标准化;再如,完善的管理信息系统可以精确地收集、存储、传递建设过程中产生的海量信息与数据,并对信息、数据进行有效管理,从而促进日常管理精细化。

5.2 管理手段信息化在高速公路建设中的重要内容

通过广泛应用信息技术、网络技术和通信技术,搭建管理信息平台,实现管理过程的全控制,达到规范管理流程、提高管理效能、降低管理成本的目的。同时,应充分利用信息技术手段,加快市场信用体系建设,实现对公路建设从业单位的管理与服务。本节探讨了管理手段信息化在高速公路建设中的几项重要内容,包括信息化管理的目标、信息化管理的程序、高速公路建设管理的信息分类等。

5.2.1 信息化管理的目标

按照适用性、通用性与高效性原则,高速公路建设信息化管理应实现以下目标:

(1)实现办公、通信网络全覆盖,建设单位对上、对下及其内部办公网络化。

(2)整合集成质量管理、计量合同管理、资金管理、征迁管理、档案管理、现场监控、隧道安全管理、自动化办公管理等与工程建设管理相关的子系统,实现信息资源利用共享。

(3)动态统一建设单位、施工单位和监理单位的三方数据,协调统一各类数据流的传输,规范或优化建设管理业务流程,实时监督、掌握项目进展与实施状况。

(4)利用现代技术手段,分析、处理数据,提早发现问题,提高工程管理决策的科学性、时效性，以提高工程质量、加快工程进度、控制工程成本，保障工程安全。

5.2.2　信息化管理的程序

1）构建信息化管理平台

（1）总体规划。明确需实现的覆盖面、自动化程度、技术先进性、所需资金规模等。

（2）选择信息化管理平台的研发单位。一般通过招标选择，也可直接委托实力雄厚、信誉可靠的单位承担。

（3）构建信息化管理平台。在硬件上，应有足够的容量和速度，并能满足长期性、通用性的要求；在软件上，能够将建设项目所涉及的全部资源、资料、工程数据整合在一起，依托网络技术和信息技术，实现建设管理的标准化、精细化、形象化、数字化与透明化。

（4）信息化管理平台的使用培训。

（5）信息化管理平台的验收。

（6）信息化管理平台的使用管理。实行分级管理，建设单位为第一级，监理单位为第二级，施工单位为第三级。

2）信息集成

（1）建立信息采集、传递网络，实现"纵向到底、横向到边"的全面覆盖。

（2）制定高速公路建设管理信息采集、更新、传递、存储、保密等制度和规定。

（3）按照真实、全面、及时、准确、规范的要求，全方位采集、传递、存储高速公路建设管理信息。

（4）信息传递采取审核制度，上报信息应经本单位领导审核，外传信息必要时应经上级单位审核。

（5）涉密信息应在突出位置标明密级，并按相应密级文件进行管理。

（6）信息存储实行分类制度，存储应及时、准确。

3）信息开发利用

（1）利用分类分析、序列分析、聚类分析、关联分析、时间序列模式、回归模型等方法对信息进行分析。

（2）利用报表、图形等方式对基础信息进行处理统计汇总。

（3）在充分考虑社会、地区等因素的情况下，利用数学方法对高速公路建设管理工作进行预测和推测。

(4)在对使用单位需求充分调研的基础上,进行系统需求分析,辅助使用单位进行决策。

(5)建立数据维护管理制度,需有专人负责数据的管理,做好数据的日常性和周期性维护工作,对重要数据应定期备份。

5.2.3 高速公路建设管理的信息分类

信息分类是指将一个信息系统中的各种信息按一定的原则和方法进行区分和归类,并建立一定的分类系统和排列顺序,以便管理和使用信息。信息分类是研制信息化管理系统以及进行信息化管理的基础。根据行业管理的特点,高速公路建设管理信息可划分为:

(1)日常办公管理信息

指高速公路建设管理中日常的公文、行政等办公事务管理信息,包括公文管理、常规申请、公共信息、会议管理、车辆管理以及待办、交办、催办、督办事宜管理等信息。

(2)计量、进度与合同管理信息

包括高速公路建设管理中的计量管理信息、进度管理信息、合同管理信息等。其中合同管理信息包括招投标文件、施工承包合同、咨询监理合同、物资设备供应合同,以及合同的签订、变更与执行,合同索赔等信息。

(3)质量管理信息

高速公路建设质量管理信息包括两个方面,一是质量管理的规定、文档、数据等信息。包括国家和地方关于高速公路建设质量的法规、政策及质量标准、项目建设标准、质量目标体系、质量目标的分解、质量控制的工作流程、质量控制的工作制度、质量控制的方法、质量控制的风险分析、质量抽样检查的数据、质量事故记录和处理报告等。二是为确保、控制建设质量而采取相关措施产生的信息,如试验检测信息、主要设备工作情况的监控信息等。

(4)现场监控信息

在高速公路施工现场布设监控设备,搭建高清视频采集点,对施工现场进行实时监控,再将高清视频图像数据传输到监控服务器。现场能监控到的信息一般包括:现场人员到岗情况、施工操作情况、施工组织模式、资源调配情况等。

(5)安全生产管理信息

高速公路建设安全生产管理信息主要是指事故多发现场工作人员的状态信息,如深长隧道施工现场操作与管理人员工作的起止时间、工作内容、操作方法，在危险地段的定位信息等，据此可进行人员定位、路径追踪、考勤统计等。

(6)征迁管理信息

指高速公路建设过程中征地拆迁、补偿安置的相关管理信息。包括：①征迁管理相关的文件、合同、表格信息；②各市(县)、乡(镇)、村、组、户的拆迁丈量、取证等原始信息；③被征迁者的补偿类别、补偿标准、兑付情况等信息。

(7)资金管理信息

包括高速公路建设过程中的账户管理信息、资金支付信息、资金计划信息、相关报表等。通过账户管理信息，业主或承建单位的负责人可以知晓开户银行的账户余额以及历史交易明细；资金计划信息包括年、季、月资金使用计划，资金支出审批信息，额度控制信息等；相关报表包括各参建单位完成的交易数据分类统计表、资金使用状况的各类报表等。

(8)档案管理信息

包括高速公路建设管理的文件资料管理、预归档管理、档案移交接收、档案收集、档案整理、档案查询、档案借阅及档案统计等信息。

5.3　管理手段信息化在保宜高速公路建设中的实践

5.3.1　保宜高速公路建设信息化管理系统的总体架构与功能

保宜指挥部高度重视管理手段信息化，注重信息化管理平台的建设，开发了集“自动办公、计量合同、质量管理、现场监控、隧道安保、征迁管理、资金管理、档案管理”为一体的信息化管理平台，创建出以指挥部为指挥中心、建设全线全覆盖、“一掌控全局”的信息化管理模式。

保宜高速公路建设信息化管理平台由八个子系统组成，总体架构如图 5-1 所示，主界面如图 5-2 所示。

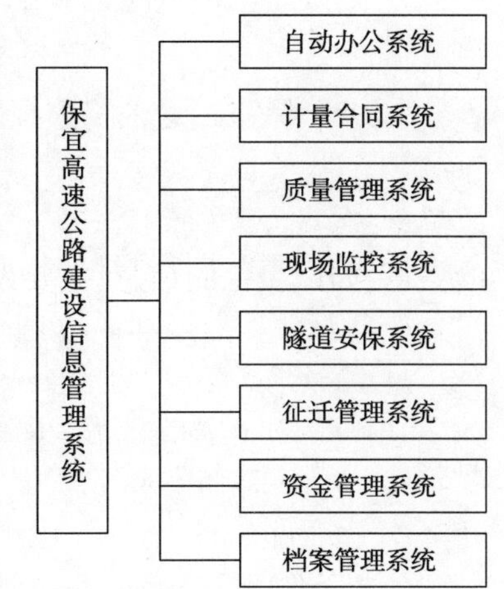

图 5-1　保宜高速公路建设信息管理系统总体架构

保宜高速公路建设信息化管理系统具有三项基本功能，即统计查询功能、监控预警功能、数据共享功能。其中统计查询功能指各子系统能提供相关数据的组合查询、统计以及打印等功能;监控预警功能指各监控系统对其管理数据的边界或临界点进行动态跟踪和预先警示,并能对数据进行动态分析,用于辅助管理和决策;数据共享指各子系统产生的各类数据可以在子系统之间自由流动,解决各子系统之间数据共享的问题。

图 5-2　保宜高速公路建设信息化管理平台主界面

5.3.2　保宜高速公路建设信息化管理系统的构建与应用

1) 质量管理系统

质量管理是建设管理的核心,质量管理系统是信息化管理平台的重要组成部分。保宜高速公路建设质量管理系统由试验检测与数据监控两个分系统组成,见图 5-3,系统架构见图 5-4。

试验检测系统的主要功能包括:①自动计算各参建单位的试验检测数据。②自动生成各种试验记录和报告表格。③对试验资料进行分级管理,便于各级管理部门监督各参建单位的试验检测进度与结果。④按时间、按单位、按试验类型等查询各参建单位的试验数据。试验检测系统界面如图 5-5 所示。

利用试验检测系统，用户可以根据需要自行设置集料级配与各种试验规程。用户只需在客户端输入试验原始数据，系统能自动计算试验结果，绘制各种试验图形。试验完成以后，系统自动生成试验记录和试验报告，打印试验报表，并自动上传已完成的试验资料。各级管理单位和人员根据自身的权限，登录质量管理系统可随时随地查阅、下载、审核各参建单位的试验资料，从而第一时间掌握试验检测的工作进度与试验结果。

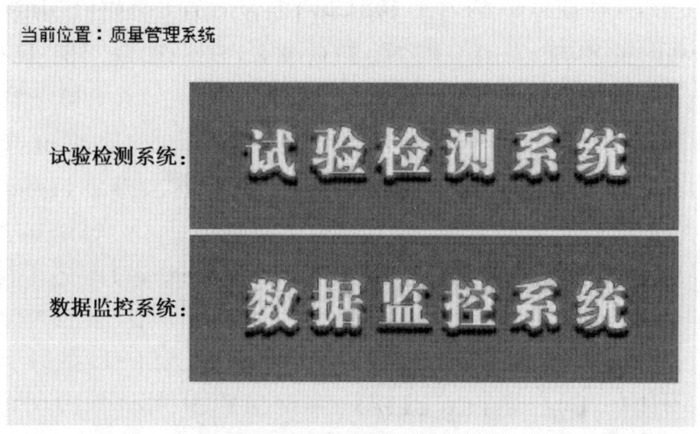

图5-3　质量管理系统的组成

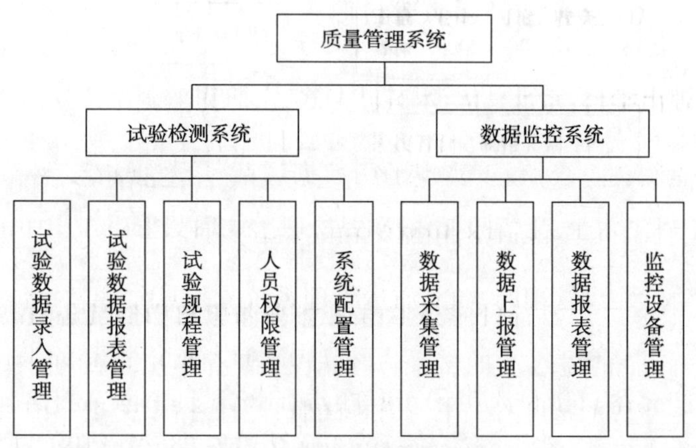

图5-4　质量管理系统的架构

数据监控系统分为软件和硬件两部分，硬件主要完成从施工现场的拌和设备、拌和站控制计算机、拌和场计重、预应力张拉等重要设备上实时读取数据的功能；软件主要是将硬件采集得到的终端数据通过“无线接入+有线传输”方式传至远端的质量管理系统,系统再对各类数据进行统计、汇总,确定分析结果,绘制质量分析图与正态分布图。一旦出现异常数据,系统即将信息直接发送至相关人员的移动终端,方便管理者及时作出决策。

图 5-5　试验检测系统界面

利用数据监控系统,将涉及施工质量的重要参数,例如混合料的配合比、T 梁张拉、材料试验等工作数据,通过自动采集的方式实时传输至质量管理系统,通过系统处理,一旦发现异常数据,立即通过短信平台自动将不合格的报告发送至相关人员的手机上,实现对施工质量的实时、智能监控与过程控制。

应用质量管理系统,真正实现了用数据说话、用数据指导生产。对于检测中发现的不合格项目,要求一律返工,直至整改合格。仅 2011 年上半年,保宜指挥部中心试验室就通过质量管理系统及时发现并强制清退了 11 批次 220 余吨的“瘦身”钢筋,对一道不按规定工艺工法施工的涵洞作出返工处理。

2)隧道安保系统

保宜高速公路建设全线包括 16 座隧道,共计 24004.1m。其中特长隧道 2 座共 10609m(红岩寺与尚家湾)、长隧道 5 座共 9127.5m、中短隧道 9 座 4267.6m。隧道施工风险较高,有必要建立高效的隧道施工人员管理体系,实时监控隧道作业人员的工作情况,制订高效的事故应急救援方案,以保障隧道施工有序开展,降低事故发生时人员伤害和财产损失。

保宜高速公路隧道安保系统是一种新型的隧道施工人员定位与安全管理

系统,由信息采集与信息处理两部分组成。其中信息采集功能由人员识别卡、人员定位基站完成,信息处理功能主要由设置在保宜指挥部的隧道安保信息管理平台完成。隧道安保系统的结构示意图如图 5-6 所示。

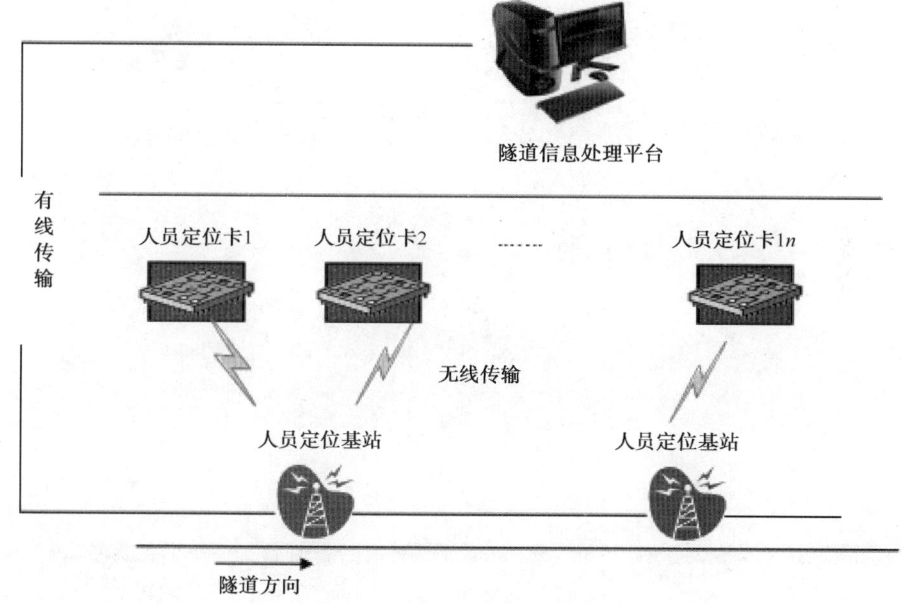

图 5-6　隧道安保系统结构图

该系统采用无线方式进行信息传输,节省了布线成本,功耗低,抗干扰能力强。如果遇到停电,基站可以利用其自带的电池工作 8h。同时,基站识别的距离远,识别卡无需靠近基站,识别距离 5~100m,漏检率极低。

保宜高速公路隧道安保系统的主要功能包括:

(1)人员定位

在隧道内每隔 50m 安装一座定位基站,当携带识别卡的施工人员进入基站检测范围时,基站可将相关人员的身份信息读出并传回保宜指挥部管理中心。定位信息经过加工、处理后生成人员分布图和人员分布表,从而使管理中心能直观地了解隧道内人员的分布情况,如图 5-7 所示。

(2)路径追踪

隧道安保系统通过获取位置信息,可以跟踪工作人员在隧道内的运动轨迹,记录他们经过的检测点和停留时间,如图 5-8 所示。利用此项功能,保宜指挥部可远程对隧道内的工作人员进行监督和指挥调度,促进安全生产。

保宜隧道人员定位系统

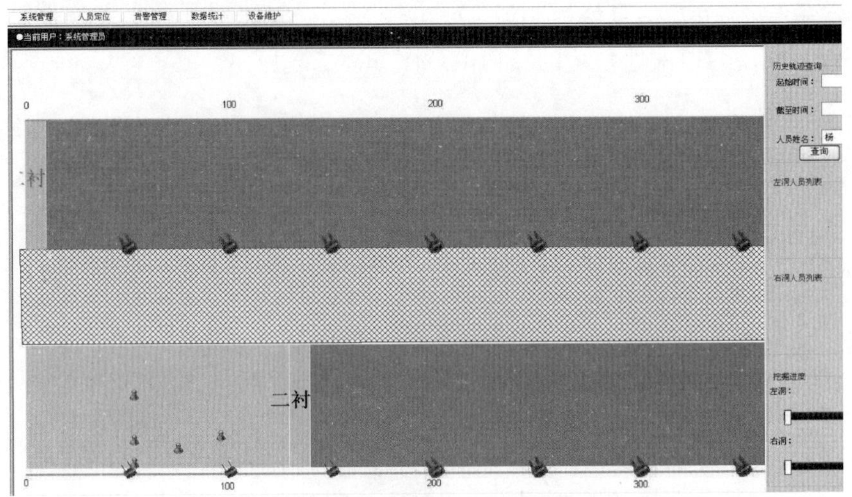

图 5-7　隧道安保系统人员定位界面图

保宜隧道人员定位系统

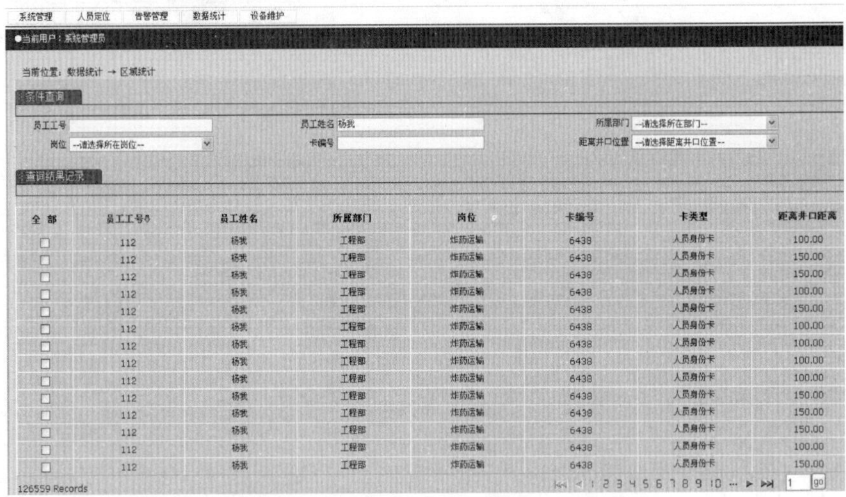

全 部	员工工号	员工姓名	所属部门	岗位	卡编号	卡类型	距离井口距离
□	112	杨兆	工程部	炸药运输	6438	人员身份卡	100.00
□	112	杨兆	工程部	炸药运输	6438	人员身份卡	150.00
□	112	杨兆	工程部	炸药运输	6438	人员身份卡	150.00
□	112	杨兆	工程部	炸药运输	6438	人员身份卡	100.00
□	112	杨兆	工程部	炸药运输	6438	人员身份卡	150.00
□	112	杨兆	工程部	炸药运输	6438	人员身份卡	100.00
□	112	杨兆	工程部	炸药运输	6438	人员身份卡	100.00
□	112	杨兆	工程部	炸药运输	6438	人员身份卡	100.00
□	112	杨兆	工程部	炸药运输	6438	人员身份卡	100.00
□	112	杨兆	工程部	炸药运输	6438	人员身份卡	150.00
□	112	杨兆	工程部	炸药运输	6438	人员身份卡	150.00
□	112	杨兆	工程部	炸药运输	6438	人员身份卡	150.00
□	112	杨兆	工程部	炸药运输	6438	人员身份卡	100.00
□	112	杨兆	工程部	炸药运输	6438	人员身份卡	150.00

图 5-8　隧道安保系统路径追踪界面图

(3)考勤统计

系统具有很强的考勤能力，人员无需排队靠近基站，50 人同时快速进入隧道也能正确考勤，系统自动统计生成日考勤表、月考勤表等，为安全生产提供考勤管理基础信息,如图 5-9 所示。系统具有长期保存数据的能力,将相关信息存入数据库,随时可以查询考勤、定位等历史记录。

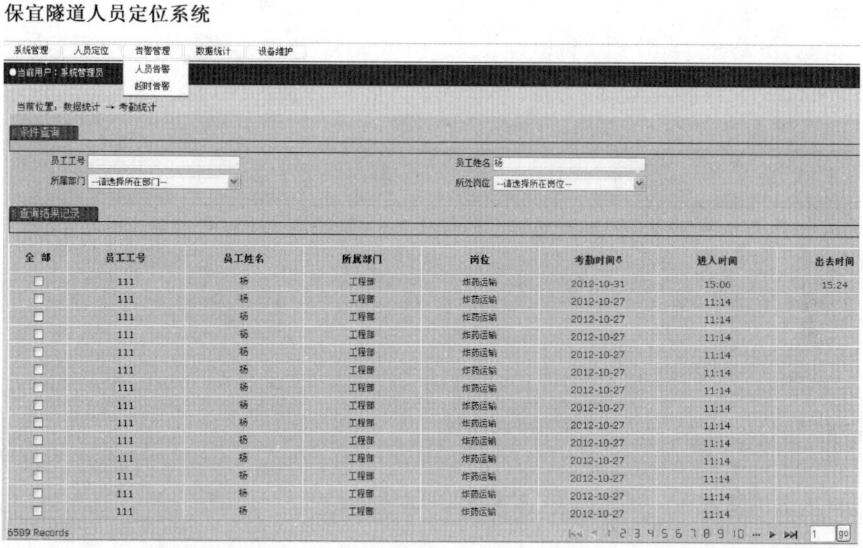

保宜隧道人员定位系统

系统管理　人员定位　告警管理　数据统计　设备维护

人员告警　超时告警

●当前用户：系统管理员

当前位置：数据统计 → 考勤统计

条件查询

员工工号　　　员工姓名 杨

所属部门 --请选择所在部门--　　　所处岗位 --请选择所在岗位--

查询结果记录

全 部	员工工号	员工姓名	所属部门	岗位	考勤时间	进入时间	出去时间
□	111	杨	工程部	炸药运输	2012-10-31	15:06	15:24
□	111	杨	工程部	炸药运输	2012-10-27	11:14	
□	111	杨	工程部	炸药运输	2012-10-27	11:14	
□	111	杨	工程部	炸药运输	2012-10-27	11:14	
□	111	杨	工程部	炸药运输	2012-10-27	11:14	
□	111	杨	工程部	炸药运输	2012-10-27	11:14	
□	111	杨	工程部	炸药运输	2012-10-27	11:14	
□	111	杨	工程部	炸药运输	2012-10-27	11:14	
□	111	杨	工程部	炸药运输	2012-10-27	11:14	
□	111	杨	工程部	炸药运输	2012-10-27	11:14	
□	111	杨	工程部	炸药运输	2012-10-27	11:14	
□	111	杨	工程部	炸药运输	2012-10-27	11:14	
□	111	杨	工程部	炸药运输	2012-10-27	11:14	
□	111	杨	工程部	炸药运输	2012-10-27	11:14	

6589 Records　　1 2 3 4 5 6 7 8 9 10 …　1 go

图 5-9　隧道安保系统考勤统计界面图

(4)事故报警

系统配备的人员定位卡具有报警功能,当遇到险情时,可以直接按动报警按钮,向保宜指挥部管理中心发出报警信息,从而为指挥部提供紧急救援、调度指挥的依据。人员定位卡充电一次可以工作 5 个月。

利用隧道安保系统的人员定位功能,当发生隧道施工灾害时,能准确了解被掩埋或被困人员的身份、位置、人数等信息,从而大大提高抢险效率。人员定位功能还能督促和掌握重要巡查人员是否按时进行实地查看,或进行各项检测和处理。此外,如果有非授权人员进入隧道施工指定的禁区,系统会实时声音报警,并显示进入禁区的人数及身份,从而有效减少由于人为因素造成的质量、安全事故。

3)资金管理系统

保宜高速公路资金管理模式采用“双系统控制监管”模式,“双系统控制监管”指的是保宜指挥部与开户银行(包括开户银行的分支机构)依靠指挥部内部管理机制和银行先进的网络监管系统,共同对各参建单位资金的收、付、转实行全过程全方位控制、监督和管理,防止资金使用出现流失和浪费,确保建设资金安全有效流动和专款专用。要实现“双系统控制监管”的资金管理模式,首先要建立基于先进资金管理理念的资金管理系统。

保宜高速公路资金管理系统采用B/S和C/S两种技术架构,B/S架构由账户管理、支付管理、资金计划管理、银行确认、报表管理、系统信息管理六大功能模块组成;C/S架构由资金收付、额度管理、基础数据、系统管理四大模块组成。保宜资金管理系统的主要功能包括:

(1)账户管理:保宜指挥部领导或承建单位领导通过账户管理可查看管辖范围内银行账户余额以及历史交易明细。

(2)支付管理:承建单位出纳填写付款申请单,会计复核,由承建单位领导审核、保宜指挥部领导逐级审批通过后,进入网上直接支付款项的执行流程,由原银行柜台办理模式改为网上支付模式。

(3)资金计划管理:承建单位申报月度计划、日常支付计划,指挥部领导审批通过后,付款申请受月度资金计划与日常支付计划的控制。

(4)银行确认:为银行工作人员专用功能模块,提单时选择“提现金”模式的付款方式,通过审批后,由提单人去银行直接支取,银行确认并支付。

(5)报表管理:对各参建单位在银行完成的交易数据进行科学分类与统计,并按资金类别、性质、执行情况等,提供资金使用状况报表的查询、输出和打印功能。

(6)系统管理:系统管理员可通过C/S系统管理账户,并进行额度设置、机构设置、人员权限等操作,但不参与用款业务相关操作。

保宜高速公路资金管理系统为参建各方提供了统一的资金结算平台,既可以全面监管承建单位的工程用款,规范资金使用计划,又能够将资金管理系统和银行结算业务系统直接连通,实现异地资金计划上报、审批、支付等工作。资金管理系统简化了资金支付的办理流程,资金管理工作效率大幅度提高。如每月底是工程计量款支付的时间,按传统方式,各标段的会计到保宜指挥部办理结算手续,再到银行办理支付,整个流程下来需要2~3天时间。而采用资金管理系统后,会计将经过计量支付审核后的资金申报表发送至保宜指挥部,通过指挥部审核,再发送至所在开户行转账,利用互联网络短短两小时即可完成工程款的支付,大大加快了支付速度。另外,资金管理系统改变了过去银企合作中存在的各自为政、服务不到位、重支付、轻监管的弊端,克服了用款人在资金使用上的随意性、盲目性,使资金使用在事前、事中、事后都得到有效监督,防范资金风险效果明显。同时,该系统的应用还增强了参建单位的资金管理意识,促进财务管理水平提高,密切了银企合作关系。

4) 征迁管理系统

高速公路建设征地拆迁工作涉及的征迁距离长、地段种类多、人员身份复杂、投资额大，采用传统的人工收集信息、手工加工处理信息、纸质存储信息的形式，难以高效、人本化地完成征迁工作。因此，建立一套基于现代信息管理技术的高速公路建设征迁管理系统十分必要。

征迁管理系统应满足以下要求：①利用计算机技术、网络技术存储和传递征迁工作中产生的数据信息，以提高工作效率。②根据征迁工作的实际需要，实现征地拆迁信息的查询、统计和分析。③建立友好的人机交互界面，以直观、生动的表现形式展现征迁工作的成果。基于此，保宜高速公路征迁管理系统由征迁信息管理和地图应用管理两个模块组成，系统架构如图 5-10 所示。

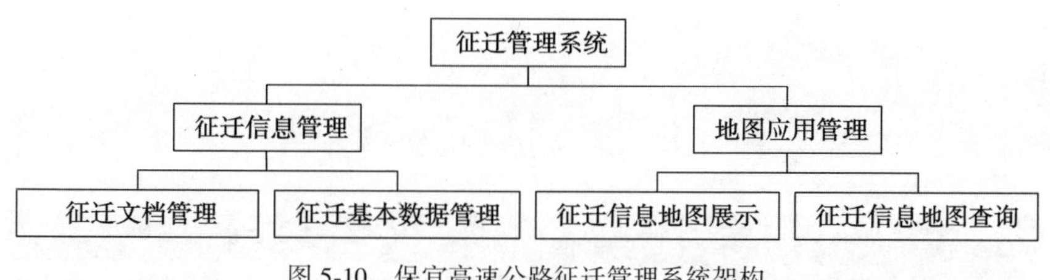

图 5-10　保宜高速公路征迁管理系统架构

征迁信息管理模块可以实现两项功能：①保存、管理、查阅征迁以及与征迁经费相关的文件、合同、表格等资料。②存储各市(县)、乡(镇)、村、组、户的拆迁丈量、取证等原始资料，并进行数据统计，用柱状图和饼状图的形式呈现统计结果，如图 5-11 所示。

地图应用管理模块可以实现三项功能：①对征迁导航地图按自然人或权属单位坐标(东经、北纬)，以三种模式(平面地图模式、卫星图模式、三维立体模式)展现征地拆迁信息。②实现地图上征迁信息的查询。③实现地图上展示征迁信息资料的观看、下载与打印。地图应用管理功能界面如图 5-12 所示。

征迁管理系统是保宜高速公路征迁管理模式与现代信息技术相互融合的产物，应用效果良好，体现在以下三方面：

(1) 征迁管理系统大幅度提高了征迁工作效率。以保宜高速公路襄阳段为例，从 2012 年 3 月 10 日开始，仅用 1 个月的时间就完成了放线挖沟和征迁调查工作，创造了湖北省高速公路建设史上绝无仅有的“襄阳速度”！仅仅 3 个月时间就高效率地完成了拆迁工作，完成征地 5000 亩，签订房屋拆迁协议 380 户，为主体项目早日开工创造了条件。

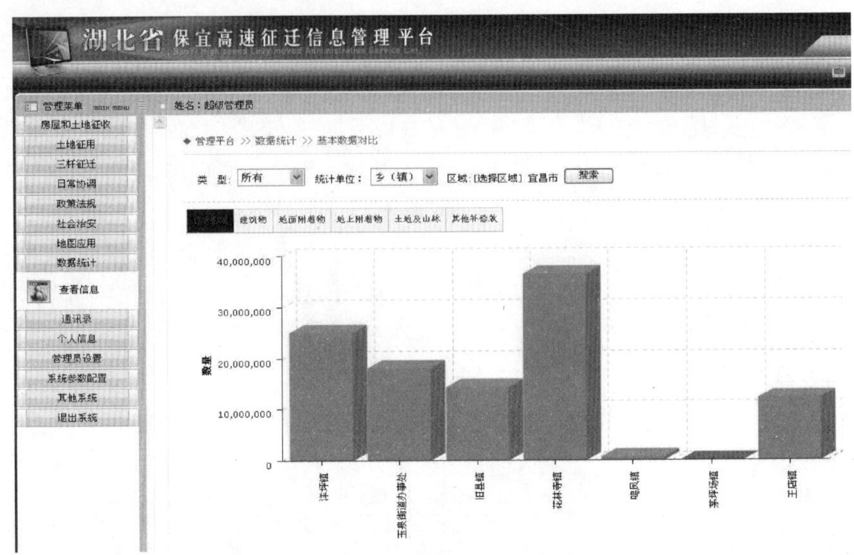

图 5-11 征迁信息管理功能界面图

图 5-12 地图应用管理功能界面图

(2)征迁管理系统能及时、准确地对海量数据进行存储和计算,确保了征迁资金兑付优质高效。征迁管理系统对保宜高速全线所有征迁户信息、五方签字支付表进行了录入,实现阳光支付。2013 年 3 月,保宜高速公路远安段共兑付拆迁补偿资金 1.33 亿元。其中，兑付土地补偿款 7991.6 万元，兑付房屋及附属物补偿款 2965.2 万元，兑付"三杆"线路及其他补偿款 2343.2 万元。湖北立诚会计师事务有限公司对远安段的征地拆迁收支情况进行了专项审计，通过审计，远安段兑付的上亿元征迁资金无差错。

(3) 征迁管理系统遵照保宜指挥部制定的各种征迁规定，严格落实指挥部的征迁管理思想，杜绝了标准政策把握水准不统一现象的发生。征迁管理系统统一、透明、公开展示征迁信息和政策，使被征迁者易于理解，从而有效地解决了传统征迁过程中由于信息不对称导致各方利益主体的矛盾冲突。保宜高速顺利完成征迁任务，涉及沿线 9000 多名群众，无一例上访事件，实现了和谐征迁。

5) 其他子系统简介

(1) 计量合同系统

保宜高速公路计量合同系统由初始化、合同管理、变更管理、计量管理、计划进度、概算管理、统计查询、系统设置等模块组成。系统具有以下特点：

①涵盖高速公路项目建设从招投标到竣工结算过程中计量合同的各个方面，适用于建设项目不同阶段的管理，如一期工程、二期工程、三期工程等。各项业务数据之间高度整合、相互关联，各阶段的业务数据以工程量清单为基础形成一个有机的整体。

②管理者可根据单条件或多条件进行智能模糊查询，不同的用户在其权限内可查询到相应的结果，不能越权操作。

③根据项目管理者的具体要求，灵活定制业务流程和功能模块组合。

④支持远程通信办公和远程实时监控，各承包人和监理均可通过公用电话网，以宽带或拨号上网的方式登录到系统，实现异地数据交换和远程业务操作，使管理者能实时掌握项目的计量合同状况。

该系统的主要功能包括：

①能准确、及时、高效地处理计量合同的各种业务，实现大量数据的汇总、统计，实现建设单位、监理单位、承建单位三方业务网络化、规范化，缩短业务审批周期，保证工程进度，显著提高项目管理水平。

②通过有效的数据关联实现巨量数据的汇总、统计，取代手工低效方式；实现业主、监理、承建方业务联网办公，提高工作与协作效率，为业主、监理和承包人三方创造显著经济效益与管理效益；建立项目工程台账，加强动态管理，有效控制工程造价；定制与跟踪业务流程，提高监督力度和业务透明度；提供强大的系统查询功能，方便项目监控与领导决策。

(2)现场监控系统

保宜高速公路现场监控系统由两部分组成,分别是安装在施工现场的视频采集装置和设置在保宜指挥部的监控管理平台。该系统不仅可以使监控点的实时图像在指挥部的液晶拼接屏上显示,而且任意一台计算机接入互联网后都能通过 IE 浏览器登录监控管理平台,查看前端监控的实时图像、录像数据和 GPS 定位信息,并可分优先级遥控前端摄像机。该系统可以实现 24h 不间断录像,并利用流媒体服务器和存储服务器实现日志管理,完成关键条件的组合查询功能。现场监控系统界面如图 5-13 所示。

图 5-13　现场监控系统

通过现场监控系统,保宜指挥部在计算机上即可全方位地监管全线生产施工,包括施工组织安排情况,施工、监理等现场人员的到岗情况,安全生产措施的执行情况,施工工艺规范化、标准化的执行情况等。打开现场监控系统,就仿佛开启了一双“千里眼”,轻点任何一个桥梁、隧道监控点,其施工现场情况就可尽收眼底,实现了“电脑一开,工程了然”的目标。

(3)自动办公系统

保宜高速公路自动办公系统由公文管理、待办事宜、交办和催(督)办管理、常规申请、档案管理、公共信息、会议管理、车辆管理、系统配置等模块组成。该系统使文件送审、报批以及办公信息传递、发布等日常工作实现信息化,节约了办公成本，缩短了文件传阅周期，提高了工作效率。同时系统通过集成 office 套件，实现 word 在 Web 上在线编辑、保存等整套功能，加快文档编辑的便捷性；通过集成手机短信系统，及时将办公信息通过发送手机短信提醒相关人员，以提高信息传递的实时性。此外，该系统还具有定制操作界面、制订相关信息处理计划、自动提醒重要事件等实用的个性化服务功能，使得日常办公效率显著提高。

(4)档案管理系统

保宜高速公路档案管理系统由现行文件管理、工程项目文件资料管理、工程项目预归档管理、档案移交接收、档案收集、档案整理、档案查询、网上档案借阅、档案统计、档案销毁、系统维护与安全保密管理、万能报表设计等多个模块组成。主要功能包括：①文件资料管理。收文、发文、工程项目文件资料的增、删、改、查、打印输出。②档案管理。工程、文书、声像、实物等档案的著录、归档、增、删、改、查、排序、打印输出。③案卷目录、卷内目录、档案盒封面、备考表等各类报表打印输出、上下标打印输出等。④电子原文管理、档案分类方案管理。⑤批量删除、批量编辑、回收站管理等。

从业务层的角度来看，保宜高速公路档案管理系统不仅解决了档案资料容易损坏、丢失的问题，而且提高了档案管理的工作效率，实现档案资料共享，提高了档案利用率；从管理层的角度看，采用该系统有望使档案管理部门的职责发生根本性的改变。该系统使保宜高速公路建设管理的档案资料，包括文书档案、科技档案、声像档案等能在网络上方便浏览（有相关的权限控制），为业主和相关参建单位提供优质服务。如此档案管理部门的职能不再只是档案保管，还成为档案信息服务中心。

第 6 章　日常管理精细化的研究与应用

6.1　日常管理精细化概述

6.1.1　日常管理精细化的概念与背景分析

1)精细化管理的概念

精细化管理是一种理念、一种文化,是源于 20 世纪 50 年代日本的一种企业管理理念,是建立在常规管理基础上,并将常规管理引向深入的基本思想和管理模式,是一种以最大限度地减少资源消耗和降低成本为主要目标的管理方式。注重细节、立足专业、科学量化是精细化管理的三大原则;精、准、细、严是精细化管理的四大要求。精细化管理是社会分工的精细化以及服务质量的精细化对现代管理的必然要求。现代管理学认为,科学化管理有三个层次:第一个层次是规范化,第二层次是精细化,第三个层次是个性化。精细化管理的内涵包括以下几方面:

(1)精细化管理是一种管理理念,而不是具体的管理方法。其目标是引导人们朝着既精又细的方向努力,其中“精”是指精确、精干、精益求精;“细”是指仔细、细节。任何有助于精、细的管理做法都可以归结到精细化管理的理念中,从早先科学管理之父泰勒的科学管理方法,到后来出现的各种理念管理方法,如走动管理法、作业成本管理法、零基管理法、ABC 管理法等。

(2)精细化管理以常规管理为基础进行改进。针对常规管理中存在的问题,改进常规管理方式以求又精又细的结果。如调整内部控制流程,改进零基预算编制方法;在业绩考核中,由侧重数量指标考核改为数量和质量指标兼顾等。

(3)精细化管理是一个永无止境的过程。随着环境的逐渐变化和管理者认识水平的提升,现行的一些精细化管理做法,可能不再适用、不再精细,需要及时改进。因此,管理方法的精细程度是相对的,精细化管理是一个持久、精进的过程。

2) 高速公路建设精细化管理的概念

高速公路建设精细化管理是以精细化的管理理念、管理技术对高速公路建设的各项工作实施全方位、全过程、无缝隙的管理，形成“管理精细化到实施精细化再到工程精细化”的管理模式，促进建设各方“把粗活做细、把细活做精”，将精细化管理贯穿始终。

精细化管理的内容广泛，渗透到高速公路建设管理的各个方面，包括管理职能、管理层次、业务内容、专业管理、管理方法等，构成如图 6-1 所示的精细化管理内容架构。

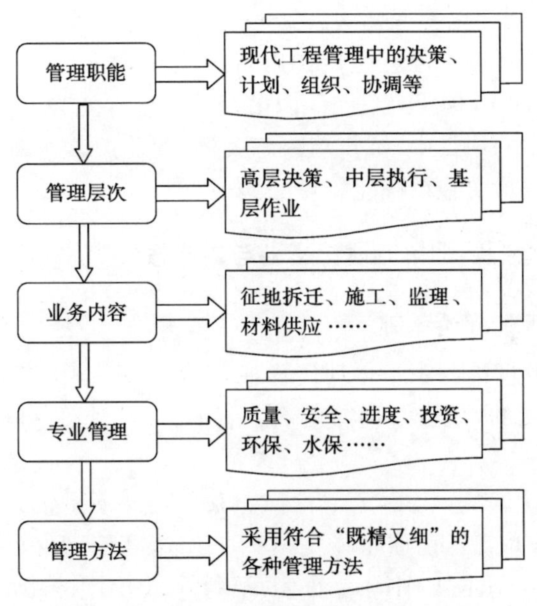

图 6-1　高速公路建设精细化管理的内容架构

3) 高速公路建设日常管理精细化的背景分析

精细化管理的思想最早可追溯到科学管理之父泰勒的《科学管理原理》，这是世界上第一本关于精细化管理的著作。第二次世界大战后，企业规模不断扩大，生产技术日趋复杂，产品更新换代的周期缩短，生产协作要求更高，精细化管理在此背景下应运而生。最典型的案例是 20 世纪 50 年代，精细化管理成为日本企业成功崛起的基石。日本企业崛起的示范效应，使得精细化管理模式在社会生产的各个领域受到青睐。“天下大事，必作于细。”在中国，精细化管理理念传播迅速，越来越多的组织尝试应用精细化管理理念、思维和方法，探索适合自身特点的精细化管理模式和方法。

高速公路建设精细化管理是管理模式上的创新，遵从用科学管理建设精品工程的理念，力求做到勘测要“细”、设计要“优”、施工要“精”、监理要“严”，贯穿于勘测、设计、施工、监理等建设环节。高速公路建设实施精细化管理是提升工程质量与安全、保证工程进度、提高工程效益的有效途径，具有至关重要的意义。

我国部分公路建设项目积极尝试实施精细化管理，湖南、河北、山西、山东等省份全面推广公路建设精细化管理。2008 年 9 月湖南省交通运输厅印发了《湖南省公路建设精细化管理办法》；2009 年 3 月河北省交通运输厅印发了《公路项目建设精细化管理指导意见》；2010 年 9 月山西省发布了高速公路精细化管理地方标准；2012 年 9 月山东在淄博市召开了全省公路工程建设精细化管理现场会。在已建成的项目中，杭州湾跨海大桥、湖北沪蓉西高速公路、广东揭普高速公路等都是成功实施精细化管理的典范。

6.1.2 日常管理精细化的理论基础与重要意义

1）精细化管理的理论基础

精细化管理的理论渊源来自现代管理学的成果，其中最为紧密的是泰勒的“科学管理”与戴明的“质量管理”理论，二者的共同宗旨是科学与效率。

（1）科学管理

泰勒的重要观点是：几乎没有一个熟练的工人不是投入大量时间研究可以如何慢速工作，并且还使雇主相信他的工作速度恰到好处的。泰勒研究每个人精确的一系列基本操作或运动，以及每个人使用的工具；用跑表来计算每个基本活动所需要的时间，然后选择完成工作每一部分的最快方式；去掉所有错误的、缓慢的、无用的动作；把最快最好的动作和最好的工具收集成一个系列。

（2）质量管理

爱德华兹·戴明的观点是“为质量而管理”，管理层要对出现的问题负 90% 的责任。戴明将质量定义为：质量是产品和服务满足顾客需要的程度。质量保证是为了达到或维护质量，由组织制定的一整套政策、规则的系统，包括质量工程和质量管理。质量工程指保证质量的一系列设计；质量管理指对质量的评判及其处理。目的都是通过预防活动和修正措施来达到和维护质量标准。

(3)丰田精益生产方式

精益生产方式产生于日本丰田公司,是"为实现企业对员工、社会和产品负责的目的,以彻底杜绝浪费的思想为目标,在持续完善的基础上,采用准时化与自动化方式方法,追求制造产品合理性的一种生产方式"。精益生产的背后是精益文化,丰田精益生产方式本身正是丰田文化熏陶下的持续完善在技术层面的表现。

解读精益生产方式,首先要了解丰田文化的基本理念:"为客户提供更好的产品"。为了实现这个目标,丰田公司在生产中采取了一系列措施:一是采用不使次品流入到下一个流程的系统,各个流程均保证产品质量,从而保证得到高品质的产品。二是通过不断改善,排除不必要的程序,以降低产品成本,确保产品具有顾客满意的价格。这两点是精益生产方式的精髓,为了做到不使次品流入到下一个流程,丰田公司采用了全面质量管理,它强调质量是生产出来的,而非检验出来的,由生产中的质量管理来保证产品的最终品质。在进行每道工序时均注意质量的检测与控制,保证及时发现质量问题。如果发现问题,立即停止生产,直至解决,从而保证不让问题产品进入下一个流程。另一方面,通过不断改进完善,彻底排除生产中不必要的流程,消除生产中的一切浪费,以实现成本的最低化,从而确保产品的合适价格,并最终达到企业利润最大化。

2)高速公路建设日常管理精细化的重要意义

(1)有利于全面提升高速公路的建设品质

在高速公路建设中,精细化管理涉及设计理念、工程材料、工艺控制和施工管理等方面,贯穿于勘测、设计、施工、监理等各个环节。实施精细化管理,可以良好地控制质量、安全、进度与投资,全面提升高速公路的建设品质,有利于创造精品工程。以质量控制为例,精细化管理要求管理者按照"质量问题绝不放过、质量一丝不苟、质量水平精益求精"的思路,将质量控制精细化到事前、事中、专项质量管理三个层面,有效确保工程质量优异。

(2)有利于提高高速公路建设单位的管理水平

高速公路建设单位的管理工作包括:机构设置及人员配置、项目前期工作管理、质量技术管理、安全管理、进度管理、计量支付管理、工程变更管理、履约诚信管理、征迁协调管理、环境保护与水土保持管理、信息化管理、档案管理等,纷繁复杂。精细化管理是"精"的管理理念和"细"的运作方式的有机融合,主要包括精确的定位、合理的分工、责任的细化、考核的量化等,利用量化的数据规范管理者的行为,用具体、明确的量化标准取代笼统、模糊的管理要求,改变经验式的管理模式;将量化标准渗透到管理的各个环节,以量化的数据作为提出问题的依据、分析判断的基础、考察评估的尺度,使无形的管理变成有形的管理。因此,实施精细化管理,有利于提高高速公路建设单位的管理水平。

(3)有利于提高高速公路施工企业的效率与效益

高速公路建设实施精细化管理,涵盖质量控制、成本控制、进度安排、安全管理等多个环节,是提高工程质量、保证工程进度、提高工程效益的有效途径,对提高高速公路施工企业的效率与效益具有重要的促进作用。我国高速公路施工企业面临着国际和国内两个市场的激烈竞争,必须通过不断降低成本、扩大利润才能获得求生存、谋发展的空间,而降低成本、扩大利润最有效、最根本的途径就是改变粗放式管理,实施精细化管理。精细化管理是我国高速公路施工企业发展的必经之路。

6.2 日常管理精细化在高速公路建设中的重要内容

实行日常管理精细化,就是要以建设精品工程、推行精细化管理、开展精细化控制为载体,促进建设各方“把粗活做细、把细活做精”,保证工程局部和细节都满足技术要求。高速公路建设日常管理精细化的内容广泛,涵盖建设管理的方方面面,本节选取其中的四项重要内容,即质量控制、进度管理、成本控制与计量支付管理,阐述精细化管理的实施办法。

6.2.1 质量控制

工程项目质量是指其质量达到业主的要求,符合国家法律、法规、技术规范标准、设计文件及合同规定的特征。公路建设项目作为一种特殊的产品,应具有适用性、耐久性、安全性、可靠性、经济性、与环境的协调性等特点,严格高效的质量控制是保障上述特点的关键。高速公路建设质量控制精细化的主要措施包括:

1)技术交底透彻化

项目开工前,建设方组织设计单位对全线监理单位、施工单位进行设计技术交底,说明设计意图、主要技术标准及质量要求;总监办在重要及关键的分项工程开工前,应编制施工作业指导书,说明关键工序的施工工艺、控制要点及质量保证措施,下发给施工单位;施工单位在分项工程开工前应对施工作业班队进行技术交底,作业班队对作业班组进行技术交底,作业班组对施工具体操作人员进行技术交底,并对施工工艺进行分析、落实。通过全面、透彻的技术交底,真正使各级各类人员明确关键部位的质量标准、操作要求及注意事项,真正理解设计意图。

2)材料质量控制精细化

原材料的质量必须符合规范及合同文件的要求,主要材料的采购应遵循如下程序:根据市场准入,由承包人进行市场调查,选择信誉好、质量稳定的厂家进行比选,每种材料确定不少于三个供货厂家。总监办根据承包人提供的供货厂家范围,与业主进行联合考察、抽样试验,进行比选,确定供货厂家并通知承包人。经监理工程师审查同意进场的原材料,进场时必须附出厂合格证及说明书等。不合格的材料坚决不容许进入施工现场,从源头上控制工程质量。坚持材料“三检查制”,即出厂检查、到场检查、拌和前检查。

3)“首件工程认可”制度化

“首件工程认可”是指对全线首个开工的分项工程,施工单位必须按照业主、总监办、驻地办、施工单位四方共同认可的施工工艺、最佳人员、设备组合、检查验收标准进行施工,并在施工结束后,由总监办组织参建各方主要人员总结施工中存在的问题和不足,并形成书面指导文件下发给各施工单位,指导同类工程施工,从而确保全线工程质量规范一致。施工单位要对首件工程的质量控制措施、施工工艺、注意事项等进行全面总结,以便在实施中进一步提高。

4)关键环节、隐蔽工程的质量控制精细化

施工单位和监理单位应配备“责任心强、业务精通、作风正派”的专业人员,加强对关键环节、关键部位和隐蔽工程的质量控制。路堤与桥涵构造物的过渡段、路基土方施工分段接头等非连续段,填前压实、填土厚度以及钻孔灌注桩、系梁、承台及构造物基础等隐蔽工程是质量控制的关键点。所有关键环节、关键部位和隐蔽工程隐蔽之前,承包人、监理必须拍照存档,及时做好各道工序的检查和验收,确保每一道工序的施工质量均达到规范要求。

6.2.2　进度管理

进度控制管理是项目建设中与质量、投资并列的三大管理目标之一,是指在项目实施过程中,对各阶段的进展程度和项目最终完成的期限所进行的管理,目的是保证项目能在满足其时间约束条件的前提下实现总体建设目标。可以通过以下措施,对项目施工的进度进行精细化控制与管理。

1)分解进度目标,优化施工组织设计

施工阶段进度控制的目标是保证工程项目按期建成交付使用,施工进度计划是施工进度控制的依据,优化施工组织设计是进度控制管理的首要措施。针对确定的进度控制总目标,从不同角度对进度总目标进行分解,制订好各班组、各施工环节的工作布局和时间节点,形成施工进度控制目标体系,作为实施进度控制的依据。对需要跨越的铁路、公路、河流等控制性工程,应尽早安排施工;对桥梁下部结构的施工,应尽量利用枯水期,合理避开汛期。

2)利用 PDCA 循环法滚动管理进度计划

在高速公路建设过程中,由于各种因素的影响,导致某个阶段或某个工序的实际进度与计划进度存在偏差。对此,应及时调查了解现场进度情况,分析产生偏差的原因,找出具体的影响因素,结合计划进度对影响因素进行调整和改进,保证工程实际进度在受控状态下进行。该过程实质上是一种不断的计划、执行、检查、分析、调整的循环过程,可以利用 PDCA 循环法对工程进度进行滚动管理。

PDCA 循环法最早由美国统计学家戴明(W.Edwards Deming)提出,也称为戴明循环(Deming Cycle),PDCA 循环是英语单词 Plan(计划)、Do(执行)、Check(检查)和 Action(处理)的第一个字母。利用 PDCA 循环法对工程进度进行滚动管理的第一阶段是制订计划,包括确定方针、目标和活动计划等内容;第二阶段是实施,主要是组织力量去执行计划,保证计划的实施;第三阶段是检查,主要是检查计划的执行情况,找出偏差;第四阶段是处理,主要是总结经验教训,制订偏差纠正措施。

在高速公路施工中,整个工程项目按 PDCA 循环法进行实施,落实到各合同段、班组和每道施工工序,形成一个大环带小环的状况,每一环都保持向前移动的状态,各合同段、班组与施工工序的进度目标环环相扣、配合进行,是一个不断运转、不断提高的过程。

在施工过程中,当实际进度与计划进度之间发生偏差时,应及时采取措施进行纠正。此外,应有前瞻性的眼光,尽量提前估计各进度目标在实施过程中可能发生的偏差,以便采取预防性、主动性的控制措施。

3)据实填报进度报表,现场审核,适时调整

进度报表是各级单位了解和控制工程进度、进行进度管理最基础的资料。进度数据的正确性与及时性是对进度报表最基本的要求。因此,要求施工方及时准确填报数据,以便对各标段每周、每月完成的进度进行对比分析。

进度报表仅表明工程的进度情况,并不能直接体现工程中存在的问题,需要现场审核来查明问题。驻地办监理人员处于一线,对工程情况最为了解,要求他们对各项工作进行现场审核,并对施工方实际进度进行跟踪监督,发现实际进度明显滞后于计划进度时,应签发《调度通知》,并责成施工方查清进度落后的具体原因,比如天气因素、投入不足、管理不善等,采取有针对性的调整措施,如加大投入、合理组织等,以加快施工进度,确保工程按期完成。

6.2.3　成本控制

成本管理与控制应贯穿于高速公路建设始终,可分为事前控制、事中控制和事后控制。事前和事中控制是重点,事前控制体现在工程设计的精细化,进行周密的建设成本计划;事中控制是对成本控制活动的约束,各方责任人按建设成本计划控制成本费用,当出现偏差时,及时分析原因,采取纠正和预防措施。以下从施工企业的角度,阐述成本管理的事前、事中与事后控制。

1)成本管理的事前控制

(1)高质量编制工程预算

编制预算应与设计人员配合,确保工程量计算完整、准确。查对工程量时,首先应熟悉设计图纸,包括总体布置图和设计工程量清单。预算人员应根据定额拟定符合预算编制要求的工程量清单,明确所需的内容、深度和质量。不清楚之处应查阅图纸,并求得设计人员帮助。特别是对新结构、新材料、新工艺,预算人员应认真阅读设计图纸,理解设计意图,力求做到工程量完整不漏项,与设计人员密切配合,确保预算编制质量。

(2)强化全员成本管理意识

精细化管理强调的是管理意识、管理态度。长期以来,有些项目简单的将成本管理归责于成本管理主管或者相关部门,技术员只管技术,质量员只管质量,材料员只管材料的采购、验收和发放工作,此类现象导致各类人员为了满足自身的职能需要而不考虑成本因素。近年来,许多建设项目尝试设立合同部,将项目对内结算进行归口管理,不仅规范了项目的合同管理,而且强化了项目成本的过程控制,对各部门的准成本有效进行过程核算。成本管理是全员、全过程的管理,实施成本精细化管理,应使每个员工树立强烈的精细化意识,上至经理层,下至施工班组、个人,让每个员工都将降低成本变成自觉行为。

2)成本管理的事中控制

(1)优化材料采购流程,降低采购成本

在高速公路的施工成本中,材料费一般占到70%左右。施工过程中耗费的材料种类繁多,若一一详细管理,会影响成本管理效率,若将材料按其重要程度分类,按类别进行层次管理,能大大提高成本管理的效率。对施工所使用的各种材料,按其需用量大小、占用资金多少、重要程度分成A、B、C三类。对于不同类别的材料,企业在采购时可以采取不同的采购方式。对于A类材料,如路面施工中的大宗材料,石料、水泥、油料、钢材等,宜采用直接采购模式,项目通过招投标的方式与材料供应商建立合作关系,减少中间环节。既减少中间环节的费用,又降低了材料经营风险和经济纠纷的发生。A类材料是材料管理和成本控制的重点。此外,在A类材料的采购方式上,也可以根据实际情况进行创新。例如,路面施工单位实行与合作商共同开办石料加工厂就是一个很好的办法。既可以有效节约材料成本,打破当地石料供应商的垄断,又可以充分保证项目的材料供应。

(2)降低材料损耗

通过科学管理,优化业务流程,降低不必要的损耗,将材料成本控制到最优,最大限度创造经济效益。首先,对材料的入库和出库建立准确的台账,根据施工进度的安排,对各个时段材料的需要量进行准确计算,材料的领用采取限额领用制度。其次,对施工材料分类别妥善储存,避免因人为或天气因素造成材料浪费。同时,严把质量关,杜绝返工造成浪费。最后,定期对大宗材料进行盘点核销,计算损耗率,分析损耗的原因。

(3)加强人工费管理,做好人工成本的有效控制

通过提高劳动效率来按时完成生产任务,不随意增加施工人员。择优筛选技术好、素质高、工作稳定、作风顽强的成建制的劳务队伍,实行动态管理。合理安排施工作业面,提高全员劳动生产力,严格按定额任务考核计量和结算。在施工中,加强工艺流程配合,做好工种、工序之间的衔接。

(4)加强机械费用管理,有效控制各项成本

严格控制非生产性开支,杜绝浪费,按用款计划认真核算,控制范围,严格审批。对机械费用,应按合理测算指标分比例承包,实行机械设备租赁制,严格设备租赁管理和奖赔制度,加大设备使用率,提高设备完好率,降低设备使用费。首先,应建立健全机械设备维修和保养制度,严格执行合理的操作规程,按时检查机械设备的使用、保养记录,使其处于良好的工作状态,防止带病运行。其次,应开展技术革新,不断改进机械设备,充分发挥机械设备的作用。再次,加强机械设备的计划性,做好机械设备平衡调度工作,选择与施工对象相适应的机械设备,充分有效地利用各种机械设备及大型施工机械。最后,应加强操作人员的培训工作,不断提高机械操作人员的技术水平,坚持持证上岗制度,提高机械设备台班产量。

3) 成本管理的事后控制

(1) 工程完工,及时清退

工程完工后,项目部应组织有关人员及时清理现场的剩余材料和机械,辞退不需要的人员,以防止工程竣工后,成本费用继续发生。

(2) 应收账款控制

工程竣工后,项目部应做好工程资料上报工作,督促建设单位及时批复结算资料,进行工程竣工结算,及时回笼资金,以控制应收账款的机会成本和坏账成本。

(3) 进行成本分析

项目竣工后,施工企业应将工程成本的实际指标与计划、定额、预算指标进行对比,找出差异,分析原因,总结经验,以便下次更好地进行成本控制。根据目标完成情况,对成本责任部门和个体单位进行业绩评价和考核,进行必要的奖惩。对于成绩突出的职工进行物质奖励,以提高他们参与成本控制的积极性,对达不到考核目标的职工,实行责任追究,把成本管理与经营者的利益挂钩,严格按照经济责任制的要求,做到责、权、利有机结合。

6.2.4　计量支付管理

1) 工程计量的规则与执行流程

(1) 工程计量的规则

工程计量的规则在技术规范的有关内容和工程量清单的前言中作了明确规定,在进行计量时必须严格遵守。在不同的合同中,这些计量规则和计量方法会有差别。因此,计量时必须严格遵照合同计量细则的规定。监理人员应充分了解计量原则,因为规范文件的有些要求并不与工程量清单相符,主要原因有二:一是图纸与实际存在明显出入,如原设计挖方路段石方数量与实地不符,多余部分不予计量;二是招标文件及技术规范明确规定对图纸中部分工程量属于施工单位的附属工程,不予计量。

(2) 工程计量的执行流程

高速公路的工程计量中,首先由施工单位的现场负责技术员根据每月的实际施工进度,报出符合计量要求的工程量基础数据,然后按照相关要求,运用计量支付管理系统软件打印出标准统一的《中间计量表》,与要求的所有主要附件一同报现场监理工程师核签,各现场监理工程师签认汇总后由施工单位相关人员将计量数据报送驻地监理办的计量工程师审核,计量工程师将再次对照各种规范以及项目办下发的计量要求，严格细致地复核每一项计量数据和汇总报表，审核无误后再报驻地负责人签认。最后将中间计量表上报相关总监办审核，总监办审核无误后，在计量支付管理系统中进行网上签认，施工方可从计量支付管理系统中导出相对应的计量支付报表，进行上报签认。

2）合同支付的主要内容

施工合同是施工单位与建设单位和监理单位的重要纽带，施工合同的组成主要有协议书、招标文件、投标书，以及在招标过程中双方认可的来往信函等。合同支付的主要内容包括：开工预付款、材料设备预付款、工程变更、索赔费用、价格调整费用、延迟付款利息、拖期违约赔偿金、保留金和提前竣工奖金等。对于项目的计量与支付，监理工程师要求施工单位必须有详细的证明材料及施工原始资料，并按符合规定的程序逐级上报。

（1）开工预付款，是业主支付给施工单位的开工费用，额度一般为投标价的10%。监理工程师在确认施工单位已经完成合同协议的签署，并提供了履约担保或银行保函后，向业主签发按合同规定金额的付款证明，业主应在该支付书收到后14天内核批，并支付开工预付款70%的价款，在投标文件载明的主要设备进场后再支付预付款的30%。开工预付款在中期支付证书的累积金额达到合同价值30%之后，开始按工程进度以固定比例分期从各月的中期支付证书中扣回，全部金额在中期支付证书的累计金额达到合同价格的80%时扣完。扣回比例各工程项目可能有所不同。

（2）材料设备预付款。由业主提供并用于支付购进工地的各种成为永久工程组成部分的材料和设施，而收回的具体做法是当材料、设备已用于或安装在永久工程后，材料、设备的预付款从期中支付证书中扣回，扣回期不超过3个月。

（3）保留金，是业主为了使施工单位履行合同而对施工单位应得款项的一种扣留，直至完全履行合同后再支付。保留金的金额以合同价值的5%为限，每次扣除额应是中期支付证书已完工程价值的10%。因此，施工单位在合同工期内尽可能地完成全部工程，这样就能保证保留金按期返还，加快企业资金周转和企业发展。

（4）工程变更费用。任何建设项目在施工过程中都会遇到变更问题，导致变更的原因很广且很复杂，因此对其支付也就很复杂，对不同情况下的变更，其支付有不同特点并有相应的办法。因此对工程变更应制定严格的审批制度，争取做到客观公正、准确无误地审核各类变更。

(5)暂定金额,是指包括在合同之内,并在工程量清单中以“暂定金额”名称表明的一项金额。为了实施本工程中尚未以图纸最后确定其具体细节或某一工程部分,或在施工过程中可能增加的工程细目,如桥梁荷载试验、钻取混凝土芯样等,而这些细目及附属、零星工程在招标时尚未能确定下来,可列为暂定金额;为了专项工程施工或供货、供材、供设备而由指定分包人或供货人提供专业服务,可列为暂定金额;或留作不可预见费,列为暂定金额;除合同另有规定外,暂定金额由监理工程师按业主批准指令全部或部分地使用,或者根本不予动用。

6.3　日常管理精细化在保宜高速公路建设中的实践

6.3.1　质量控制

“百年大计,质量为本。”保宜指挥部高度重视工程建设的质量,视质量为生命,牢固树立“没有质量的进度是零进度”的理念,建立健全了质量管理与控制的相关制度,定期召开质量管理专题会(图6-2、图6-3)。坚持技术交底制度,严把设备和材料进场关,严格落实“首件工程认可制”,狠抓质量通病的防治,将精细化管理贯穿于质量控制的每个环节,实现了工程质量的内实外美。

图6-2　保宜高速宜昌段质量专题会议

图6-3　保宜高速襄阳段质量专题会议

1)坚持技术交底制度,严把设备和材料进场关

“只有理解工程才能做好工程”,保宜高速坚持技术交底制度,注意技术交底的针对性,并实行三级技术交底。对设计技术交底,要求各施工、监理单位集中精力分专业研究图纸,真正领会设计意图;对施工技术交底,要求将施工工艺、注意事项、现场安全文明施工、质量控制等交代透彻，让每个施工班组、每个作业人员都真正弄懂、入脑入心。图6-4为保宜高速襄阳段一期土建工程设计技术交底会；图6-5为保宜高速宜昌段路面二标上面层试验段铺筑，经过前期严格、详尽技术交底后，各参建人员严格按照规范标准、实施细则进行摊铺、碾压施工，将各道工序落实到位，试验效果良好。

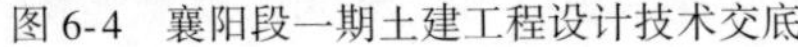
图6-4　襄阳段一期土建工程设计技术交底

图6-5　宜昌段路面二标上面层试验段摊铺

保宜高速注意从源头上控制工程质量，严把设备和材料进场关。在重大设备和主要材料采购阶段，抓住合同签订、材料采购进场、监理审批等三个环节，进行全过程、全方位监督控制。实行严格的材料准入制度，加强材料的现场管理，施工单位对生产的每批次材料进行试验检测，驻地办和中心试验室按规定的频率进行抽检。对不合格材料一律清除或销毁，不得使用。保宜高速2012年全年对各种建筑材料检测1430余批次，合格率达99%。

2）严格落实"首件工程认可制"

保宜高速严格落实"首件工程认可制"，在每个分部分项工程开工前，周密准备，科学部署，精心施工，力求将首件工程做成合格工程、精品工程，再评估总结，摸索符合本标段设备、技术、地质条件的工艺、工法和技术参数，固化成标准化的工艺工法，强制在本标段推广执行，形成流水线作业和工厂化生产，从而保证本项目所有工程件件合格、样样精品，实现由粗放式管理向精细化管理转变，达到精品工程的目标。

保宜高速襄阳段一标首件工程受到嘉奖，该标段全线共有预制T梁2345片，T梁的预制及架设为控制性工程。其中1号梁场承担1500片梁的预制，是湖北省规模最大的预制梁场。首片T梁预制开工前，项目部从思想认识、方案编制、技术指标、设备准备、上岗人员、安全防护等方面提出了明确要求，确保了首件 T 梁顺利完成。2012 年 12 月 26 日，该项目部组织召开了预制 T 梁首件总结会，对首件 T 梁的原材料准备、模板验收、钢筋绑扎、混凝土浇筑、混凝土养生、张拉压浆等进行了总结，并分析了施工中存在的问题，制订了相关应对措施，避免了类似问题重复发生。2013 年 6 月，在保宜指挥部首件工程验收会上，该标的首件工程在全线施工单位中脱颖而出，受到通报表扬，并获得 50 万元嘉奖。图 6-6 为保宜高速襄阳段一标 T 梁首件工程总结会。

图 6-6　襄阳段一标 T 梁首件工程总结会

3) 狠抓质量通病的防治

为加强保宜高速公路建设工程质量的超前管理和主动监理，提高质量保证体系各环节的管理水平，保宜指挥部结合项目特点，组织编写了《质量通病防治手册》，收录了一般高速公路常见质量通病的防治措施，对施工过程中容易出现的质量问题进行了原因分析并提出了防治措施。内容涵盖路基工程、路面工程、桥梁工程、小型结构物、隧道工程、排水防护工程、交通工程等七大类工程施工过程中容易出现的 87 项质量通病，从病害成因、处治原则、治理办法、设备配置、材料选用、工艺工法、施工检测等方面逐项进行阐述。保宜高速要求全线技术、监理、施工人员贯彻执行《质量通病防治手册》，从严控制施工质量，促进了实体工程"内实外美"。

4) "人防"与"技防"相结合

"人防"是通过人力进行现场管理，全过程监管工程质量。包括两方面：一是全程监理。要求监理人员增强履约意识，按照合同要求，人员数量到位、人员素质到位，严格履行监理职责，按"监理细则"执行监理工作，监督和指导施工单位按图纸与规范施工，发现问题及时纠偏或作出停工处理，杜绝偷工减料等违规行为发生。二是加大巡检力度，保宜指挥部相关处室、中心试验室、监理单位组成检查组，携带图纸、仪器和工具定期在全线开展拉网式的检查巡查。实行"一查、二钻、三砸"的管理方法，"一查"，对照图纸，查几何尺寸、主材数量等环节；"二钻"，实行钻孔取料检查，查各项数据是否达标；"三砸"，对不符合质量要求的实体工程一律砸掉重建。对发生的质量问题从重从严处罚，每旬通报一次质量情况，对重大质量个案问题进行专题通报，实行通报与项目部总部联通制度和约谈单位法人制度，并将质量问题与项目单位的信誉等级评定相挂钩。

此外,加强施工现场管理,把现场管理放在突出位置,主要工序尤其是控制性工程、隐蔽工程,指挥部与监理人员必须到场;加强施工过程控制,做到质量预控有对策,施工项目有方案,图纸会审有记录,技术措施有交底,配制材料有试验,工序交接有检查。

“技防”主要是利用保宜高速公路建设信息化管理平台中的“质量管理系统”与“现场监控系统”辅助监管工程质量,以弥补“人防”的不足。具体见本书5.3.2“保宜高速公路建设信息化管理系统的构建与应用”。

6.3.2 进度管理

保宜高速十分重视工程建设的进度控制与管理,倡导在确保质量、安全的前提下加快施工进度,实现高速公路建设“又好又快”。科学组织、精心部署,妥善化解影响进度的不利因素,以劳动竞赛促进施工进度,抢晴争雨、加班加点,确保项目早日建成通车,造福社会和人民。

1)倒排工期,优化施工组织设计,合理配置资源

倒排工期,即首先定出工程的完工时间,然后根据工程施工过程,向前拟定出每一阶段的完工时间,从而便于督促和检查,保障最后在预定的时间内完成工程。一般用于工期较紧的工程项目,便于将工程每一阶段进行工期压缩。保宜高速合理运用倒排工期法,精心组织,加快建设进度。具体措施包括:

一是优化施工组织设计。科学编制施工计划,优化施工组织设计,倒排工期,科学组织,合理调度,多开作业段面,不留施工死角,交叉平行作业,周密安排,严谨管理,确保施工每个环节有条不紊地进行,保证施工作业从点到面全线展开,形成“大干快上”的局面。

二是根据总体进度计划任务,细排节点进度计划安排表,狠抓落实到位,做到日清月结。对制约工程进度的少数标段进行分解,抓晴天、战阴天,合理安排雨天,追赶工程进度。

三是合理配置资源。根据施工组织设计,合理配置每天的工、料、机等资源,最大限度地发挥工、料、机的作用,实行双班工作,拉长作业时间,满负荷运作。以科学的态度、合理的方法推进施工,以周保旬、以旬保月、以月保季,力争提前完成建设任务。

2)有的放矢,化解影响进度的不利因素

保宜指挥部在建设管理中,注意有的放矢、对症下药、“靶心”治疗,妥善化解影响施工进度的不利因素,充分调动施工单位、工区作业队的积极性。

例如,宜昌段七标承建单位中铁大桥局是一家有着辉煌业绩的大型企业,但项目部自进场以来,产值总是处于宜昌段七个施工单位的最后两名之中。保宜指挥部了解到,由于项目经理因病住院,大部分机械设备闲置。为此,指挥部及时与公司总部联系,配备了新项目经理。施工队伍处于低迷状态的另外一个重要原因是合同工价低,大部分施工队执行合同后明显要亏损。通过与公司总部沟通,在政策容许的情况下,适当调高了制梁场等工区作业队在设备租赁上的价格,从而调动了施工队的积极性。通过调整,该标段的施工进度明显加快,并在2013年上半年劳动竞赛考核中名列前茅。

又如,宜昌段三标投入挖掘机近30台,但土方量和工程量一直不大。保宜指挥部深入一线了解,发现问题出在施工组织和科学调度上。针对于此,指挥部与施工单位从土方挖掘、车辆运输、路基填筑、桥梁大梁制作到桥墩、桥台施工等各个环节和工序进行科学重排,要求施工单位精算到每天的工程量,做到日清日结。经过调整施工组织部署,该标段施工进度有了突破性的进展。

3) 以劳动竞赛促进施工进度

保宜指挥部重视通过劳动竞赛促进施工进度,制订了具体的劳动竞赛实施方案及考核细则,全年四季度均开展劳动竞赛活动,不断总结劳动竞赛的新经验、新方法,不断完善劳动竞赛工作机制。其中,2013年开展的劳动竞赛活动包括:“大战一季度,实现开门红”、“大战二季度,实现路基基本贯通”、“大战三季度,实现路基全面贯通”、“决战四季度,攻坚保目标”。图6-7为保宜高速襄阳段2012年四季度劳动竞赛考核总结会,图6-8为保宜高速襄阳段2013年“决战四季度”劳动竞赛动员会。

图6-7　襄阳段2012年劳动竞赛考核总结会

图6-8　襄阳段2013年劳动竞赛动员会

劳动竞赛活动对确保重点工程的施工进度发挥了重要作用,例如,宜昌段七标龙潭冲特大桥是保宜高速的控制性工程,全长1260m。为优质、安全、快速地完成该桥的架设工作,项目部以“大战一季度,实现开门红”、“大战二季度,实现路基基本贯通”劳动竞赛活动为契机,科学调度,标准化施工,抓住施工黄金季节,采用边预制边架设的施工方法,整幅架设施工,于2013年4月21日如期完成该桥的第一片T梁架设,顺利打通了大桥运梁通道,为实现保宜主线贯通奠定了坚实基础。

4)抢晴争雨,加班加点,加快施工进度

在保宜高速公路施工期间,各参建单位积极响应指挥部的号召,发扬艰苦奋斗、决战决胜的拼搏精神,抢晴争雨,加班加点,加快施工进度,列举三例。

示例一:襄阳段九标抢晴争雨,确保完成任务目标

2013年9月,鄂西山区阴雨连绵,连续十多天的降雨给正在大干期间的襄阳段九标项目施工带来了严峻考验。为了全面完成保宜指挥部下达的三季度生产任务,项目部制订了雨季施工应对措施:一是确保施工便道畅通,保证原材料、运输车辆及大型施工机械安全运行;二是加强施工现场安全管理,根据雨季施工特点及时编制了雨季施工组织计划和雨季施工安全生产专项方案;三是加强现场组织管理,确保雨天施工质量;四是密切关注天气预报,根据天气状况动态调整工作计划,合理安排施工。小雨不停工,大雨停后继续施工,最大限度地利用作业时间;五是积极组织动员,保持高昂精神状态。明确工期不变、质量不变的目标,抢晴天、战雨天,加班加点抢抓进度,保证关键工程如期完工,以弥补雨水天气对工期的影响,

示例二:襄阳段十标制定领导夜间值班制度

2013年12月,为确保完成年度生产计划,襄阳段十标项目部制定了项目班子、部门部长夜间值班制度。每晚由一名项目领导、一名部长、司机组成值班小组,项目部排定值班表,实行每周轮流循环值班制度。要求值班人员负责对施工现场的安全、质量进行监控,负责对施工现场的材料、设备、人员进行调配,保证夜晚施工正常进行。

示例三:宜昌段二标路面基层施工24小时不间断作业

2013年12月,为确保四季度任务目标的顺利完成,宜昌段二标项目部明确提出了在确保质量、安全的前提下,实行路面基层施工“三班倒”制度,确保机械设备“不熄火”,24小时不间断作业,加快施工速度,使基层施工驶入“快车道”。

6.3.3 内业资料与档案管理

内业资料与档案管理是高速公路建设日常管理的重要组成部分,保宜高速

在这方面践行精细化管理的举措可归纳为以下几点：

一是高度重视，建立健全档案管理制度。高速公路工程建设档案是指建设项目从立项审批至竣工验收全过程产生的，反映项目进度、质量、安全和费用管理的基本情况，对建成后工程管理、维护、改建和扩建具有保存、查考利用价值的各种形式和载体的真实历史记录。为了确保建设档案的完整、准确、规范、系统、安全及其在今后的有效利用，保宜指挥部高度重视内业资料与档案管理工作，建立了文件材料立卷归档实施细则等相关制度。在保宜指挥部负责编写的《湖北省高速公路建设标准化指导意见》第五册《建设单位管理》中，制定了"档案管理"标准化的实施办法。

二是加强领导、组织保证、明确职责。保宜指挥部建立领导人责任制，配备专人负责公路工程文件材料的立卷、归档管理工作，将立卷、归档工作纳入工程建设管理程序，与工程建设同步收集、整理、归档，并承担各参建单位项目文件材料收集、立卷、归档及组织、协调、监督、指导等管理职责。此外，要求各施工单位、驻地办健全档案工作保证体系，有效落实制度建设、专职管理人员配置、岗位职责明确、经费保障与硬件到位等基础工作，做到档案工作与工程进展同步，保证项目文件材料收集、整理、立卷归档的及时、准确、完整、规范、系统与安全。

三是加强培训。保宜高速多次召开内业管理与立卷、归档培训会，例如，2013 年 10 月 16 日，保宜指挥部组织召开了文件材料立卷、归档实施细则培训会(图 6-9)，要求各参建单位规范文件材料的收集、整理、立卷及归档工作，确保工程档案符合交通运输部和湖北省档案局关于档案验收的要求。会上，培训专家讲解了文件材料立卷、归档工作中容易忽视和出错的问题，细致说明了编制竣工文件的细节和难点。

四是抓好重点，即"质量保证资料"的管理。质量保证资料反映建设质量管理和实体工程质量状况，是工程建设档案的主要组成部分(项目档案中大于85%的案卷为质量保证资料)。质量保证资料管理是极其重要的基础工作，是档案管理工作的重中之重。为此，保宜指挥部特别重视质量保证资料的管理，将相关规定和要求落到实处。2013 年 3 月 21 日，保宜指挥部举办了襄阳段夯实质量保证体系、规范工程内业管理培训班(图 6-10)。要求各参建单位高度重视质量保证体系建设，实现专人、专职、专柜内业标准化模式管理，要求相关人员强记录、勤收集、保证工程内业资料的真实准确与系统完整。培训专家以"重体系、大内业、硬资料"为题，讲解了建立健全质保体系的重要性、质保体系的正常运转、大内业和质量保证资料管理的相关工作等。

五是做好检查指导工作。包括:①督促施工单位和驻地办制定档案管理制度,建立档案工作保证体系,明确分管领导、责任部门,配置熟悉工程业务的档案管理人员,明确相关人员的岗位职责,定期予以考核。②督促施工单位和驻地办设立专用的、符合规定的档案室。③定期或不定期检查施工单位和驻地办内业资料产生、质量检验评定和归档的及时性,以及资料的完整性、数据的追溯性、内容的真实性、填写的规范与准确性等。④对施工单位和驻地办进行质量工作考核时,将档案管理和资料情况列入重要检查内容。

六是利用"档案管理系统",实现信息化管理。利用保宜高速公路建设信息化管理平台中的"档案管理系统",实现档案管理信息化。具体见本书 5.3.2"保宜高速公路建设信息化管理系统的构建与应用"。

图 6-9 保宜高速立卷归档实施细则培训

图 6-10 襄阳段工程质量内业管理培训

6.3.4 科技创新管理

保宜高速在科技创新管理方面践行精细化管理的举措可归纳为以下几点:

一是高度重视,制定管理办法。保宜指挥部高度重视科技创新,注重新材料、新工艺、新技术的研发与应用,注重采用新管理方法、新管理理念促进工程质量和建设管理水平的提高。为加强科技项目管理的科学化、规范化与程序化,保宜指挥部专门制定了《湖北省保宜高速公路科技创新工作管理办法》,对科技创新管理组织机构及职责,科技创新项目的立项、实施、合同、经费,科技创新成果与奖励,资料和档案管理等进行了详细明确的规定,使科技创新管理有章可循。

二是重视选题。在科技项目选题上,保宜高速紧密结合工程建设实际。例如,保宜高速襄阳段有隧道 16 座,共 24004.1m,其中特长隧道 2 座,长隧道 5 座,施工风险高,技术难度大。为此,保宜指挥部与相关科研院所合作,凝练选定了一些有针对性的研究课题,包括与山东大学合作的"深长隧道施工安全风险管理及灾害控制技术研究”、与交通运输部公路科学研究院合作的“隧道高压液力喷射混凝土关键技术及其应用研究”、与武汉工程大学合作的“高风险岩溶隧道注浆材料研究与应用”等。保宜指挥部选定了七个课题申报 2013 年湖北省交通运输厅科技项目计划，获湖北省交通运输厅、湖北省交通投资有限公司批准立项。

三是加强过程管理。在科技创新项目的研发过程中，保宜指挥部注重过程管理，把科技创新管理工作做细、做实。在科技项目获批立项以后，2012 年 12 月 22 日、12 月 23 日，保宜指挥部专门召开科研课题研究工作大纲评审会（图 6-11），邀请专家对课题研究内容、考核目标、技术路线、进度安排等进行把关和把脉；在课题研发阶段，每年上半年召开一次工作汇报会（图 6-12），下半年召开一次工作总结会（图 6-13、图 6-14），跟踪了解课题研究进展，协调解决研发过程中存在的困难，为课题研究、现场试验、推广应用等提供便利、创造条件。此外，做好与湖北省交通运输厅、湖北省交通投资有限公司的联络工作。

图 6-11　保宜高速科研项目工作大纲评审

图 6-12　保宜高速科研项目 2013 年中期汇报

图 6-13　保宜高速 2013 年科研工作总结

图 6-14　“隧道高压液力喷射混凝土”课题汇报

如今，保宜高速公路科技项目研究进展顺利，发表了一系列高水平的研究论文，获批发明专利多项，研究成果丰硕，较好地指导了工程实践。此外，依托项目研究培养了一批博士研究生与硕士研究生，实现了产、学、研协调发展。

参考文献

[1] 冯正霖.加快推行现代工程管理全面提高公路建设管理水平[J].交通标准化,2010(22):9-15.

[2] 凤懋润.中国公路桥梁的技术进步与建设管理[J].中国工程科学,2011,13(10):93-98.

[3] 何继善,王孟钧.工程与工程管理的哲学思考[J].中国工程科学,2008,10(3):9-11.

[4] 何继善,王孟钧.哲学视野中的工程管理[J].科技进步与对策,2008,25(10):1-3.

[5] 李春伟,陈伟乐.高速公路建设的全面精细化管理应用研究[M].北京:中国经济出版社,2009.

[6] 刘人怀,孙凯.工程管理信息化的内涵与外延探讨[J].科技进步与对策,2010,27(19):1-4.

[7] 王卓甫,丁继勇,杨高升.现代工程管理理论与知识体系框架[J].工程管理学报,2011,25(2):132-137.

[8] 何继善.论工程管理理论核心[J].中国工程科学,2013,15(11):4-11.

[9] 刘宝,尹向军.对公路现代工程管理体系框架构建的思考[J].项目管理技术,2013,11(1):71-74.

[10] 何继善,陈晓红,洪开荣.论工程管理[J].中国工程科学,2005,7(10):5-10.

[11] 福建省高速公路建设总指挥部.福建省高速公路施工标准化管理指南[M].北京:人民交通出版社,2010.

[12] 河北省交通运输厅.河北省高速公路施工标准化管理指南　第1部分　管理标准化[M].北京:人民交通出版社,2012.

[13] 湖北省交通运输厅.湖北省高速公路建设标准化指南[M].北京:人民交通出版社,2013.

[14] 何雄伟.高速公路运营标准化管理——湖北京珠高速公路运营管理实践与探索[M].北京:人民交通出版社,2009.

[15] 汪黎,郑开廷,李正刚.从人本主义到人本化理念的飞跃[J].求实,2006(3):118-119.

[16] 原驰,王安怀.高速公路建设项目驻地管理标准化研究[J].交通标准化,2010(12):31-35.

[17] 黎奎.公路施工企业员工培训体系构建研究[D].天津:天津大学,2012.

[18] 达海军."八字理念"破解征地拆迁难[J].中国公路,2012(3):92.

[19] 赵刚,程向荣,汤泽远.水界高速公路征地拆迁特点分析及对策探讨[J].公路交通技术,2008(S1):110-114.

[20] 袁继飞.浅析高速公路建设项目土地征迁政策及费用的影响[J].甘肃科技,2008,24(11):8-12.

[21] 徐力,柴根林.谈专业化项目管理公司在工程项目管理方面的优势[J].工程建设与设计,2010(6):158-160.

[22] 郝聪明,郑毅.建设项目专业化管理初探[J].中国工程咨询,2008(12):51-52.

[23] 宋作智.专业化工程项目管理,突破传统桎梏[J].中国建设信息,2007(24):46-47.

[24] 冯华.项目专业化管理在公路工程的应用研究[J].中国工程咨询,2011(2):40-42.

[25] 吴涛.工程项目管理研究与应用[M].北京:中国建筑工业出版社,2004.

[26] 金燕芳.标准化理论体系构建方案探讨[J].世界标准化与质量管理,2005(12):11-12.

[27] 王平.国内外标准化理论研究及对比分析报告[J].中国标准化,2012(5):39-49.

[28] 郭英.泰罗制百年流变探析[J].外国经济与管理,2011,33(12):1-10.

[29] 范晓.泰安市泰山区招商引资项目管理的问题研究[D].济南:山东大学,2013.

[30] 刘兴堂.复杂系统建模理论、方法与技术[M].北京:科学出版社,2008.

[31] 张龙兴.高速公路工程项目管理绩效的模糊综合评价[J].公路交通科技,2007(5):169-171.

[32] 王超.中国工程建设标准化理念战略输出浅探[J].土木工程学报,2006,39(1):108-111.

[33] 李现涛.基于"3I"思想的高速公路建设项目管理信息系统研究与开发[D].北京:北京交通大学,2011.

[34] 乔海晔,陈友莲.基于 CSS 通讯的隧道施工人员定位系统[J].工业控制计算机,2012,25(8):34-35.

[35] 米帅,贾宏俊,吴新华.浅谈工程项目管理信息化[J].项目管理技术,2010,8(5):86-89.

[36] 张勇,李凌楠,谢爽.一种全新的工程项目管理信息化模式[J].管理工程学报,2005,19(S1):258-262.

[37] 王洪涛.动态管理信息系统在高速公路项目建设中的应用研究[J].公路交通科技(应用技术版),2013(11):210-214.

[38] 范双成.建立高速公路精细化管理工作标准的探索与实践[J].中国质量,2010(12):39-42.

[39] 王家平.济荷高速公路建设项目的精细化管理研究[D].太原:山西大学,2011.

[40] 刘广强.高速公路工程建设中精细化管理的应用与实践[J].北方交通,2012(2):119-123.

[41] 崔文社.浅谈“五化”在十天高速公路建设中的运用与实践[J].公路交通科技(应用技术版),2012(5):14-16.

[42] 李雪梅,戴倩.高速公路建设中的工程计量与合同管理[J].黑龙江科技信息,2013(6):224.

[43] 方士钊.精细化管理在高速公路建设中的应用[J].现代经济信息,2012(6):8.

[44] 李晶.关于施工企业实施精细化管理的探索[J].天津经济,2012(5):70-72.

[45] 何勇.公路行业精细化管理初探[J].建筑设计管理,2010,27(11):78-80.

[46] 杨增辉.建设项目信息化管理的规划与实施[D].长沙:中南大学,2008.

[47] 张莉艳,范双成,赵国浩.高速公路实施精细化管理的实践与思考[J].物流工程与管理,2012,34(1):152-156.

[48] 刘志辉.精益思想在长湘高速公路施工项目管理中的应用研究[D].长沙:湖南大学,2012.

[49] 文耀华.浅述高速公路企业精细化管理[J].江西煤炭科技,2010(2):133-135.

[50] 辛苗.浅谈高速公路施工的精细化管理[J].经营管理者,2011(20):314.

[51] 宋磊.PDCA 循环法在高速公路工程进度管理中的应用[J].天津建设科技,2008(S1):14-15.

[52] 葛丽莎.工程建设中进度管理的几点看法[J].山西建筑,2009,35(30):201-203.

[53] 赵瑞卿.浅谈高速公路建设进度控制的精细化管理[J].黑龙江交通科技,2009(9):172.

[54] 李欣,付荣华.浅谈建筑企业工程成本控制[J].吉林建筑工程学院学报,2011,28(4):26-28.

[55] 朱建国,王朝晖.高速公路建设精细化管理效果评价体系[J].长安大学学报(自然科学版),2012,32(2):53-56.